MOLIÈRE.

—

LES FACHEUX,

SUIVI DE

LA PRINCESSE D'ÉLIDE

ILLUSTRÉS

PAR JANET-LANGE.

PRIX : **25** CENTIMES.

PARIS,
PUBLIÉ PAR GUSTAVE BARBA, LIBRAIRE-ÉDITEUR,
RUE DE SEINE, 31.
26.
1851

MOLIÈRE

ILLUSTRÉ PAR JANET-LANGE.

GUSTAVE BARBA, ÉDITEUR. BEST, HOTELIN ET RÉGNIER, GRAVEURS.

LES FACHEUX,

COMÉDIE-BALLET EN TROIS ACTES.

NOTICE
SUR
LES FACHEUX.

Les *Fâcheux* furent joués au château de Vaux, le 17 août 1661, pendant les fêtes que le surintendant Fouquet offrait à Louis XIV. Les décorations étaient du peintre Lebrun, les machines de Torelli, les ballets du sieur Beauchamps, le plus habile chorégraphe du dix-septième siècle.

A la première représentation de cette pièce, dès que la toile fut levée, Molière parut sur le théâtre en habit de ville et, s'adressant au roi, avec le visage d'un homme surpris, fit des excuses de ce qu'il se trouvait là seul et manquait de temps et d'acteurs pour donner à Sa Majesté le divertissement qu'elle semblait attendre. En même temps, au milieu de vingt jets d'eau naturels, s'ouvrit une coquille d'où sortit une naïade qui s'avança au bord du théâtre, et d'un air héroïque prononça les vers que Pellisson avait composés et qui servent de prologue : c'était Armande

ALCIPPE. Qui? moi! J'aurai toujours ce coup-là sur le cœur. . (Act. II, sc. II.)

Béjart, depuis femme Molière. Le succès qu'elle obtint est constaté par cette chanson contemporaine :

Peut-on voir nymphe plus gentille
Qu'était Béjart l'autre jour?
Lorsqu'on vit ouvrir sa coquille,
Tout le monde disait à l'entour,
Lorsqu'on vit ouvrir sa coquille :
Voici la mère d'Amour.

Jean de La Fontaine, dans une lettre adressée à M. de Maucroix le 22 août 1661, raconte les merveilles des fêtes de Vaux, et consacre ces vers à la comédie des *Fâcheux* :

C'est un ouvrage de Molière :
Cet écrivain, par sa manière,
Charme à présent toute la cour.

J'en suis ravi, car c'est mon homme.
Te souvient-il bien qu'autrefois
Nous avons conclu d'une voix
Qu'il allait ramener en France
Le bon goût et l'air de Térence?
Plaute n'est plus qu'un plat bouffon,
Et jamais il ne fit si bon
Se trouver à la comédie ;
Car ne pense pas qu'on y rie
De maint trait jadis admiré,
Et bon *in illo tempore*.
Nous avons changé de méthode;
Jodelet n'est plus à la mode,
Et maintenant il ne faut pas
Quitter la nature d'un pas.

Le roi, en sortant de la première représentation des *Fâcheux*, dit à Molière en

3₂ 6

voyant passer le comte de Soyecourt, insupportable chasseur : « Voilà un grand original que tu n'as pas encore copié. » C'en fut assez : la scène du fâcheux chasseur fut faite et apprise en moins de vingt-quatre heures; et comme Molière n'entendait rien au jargon de la chasse, il pria le comte de Soyecourt lui-même de lui indiquer les termes dont il devait se servir.

ÉMILE DE LA BÉDOLLIÈRE.

AU ROI.

SIRE,

J'ajoute une scène à la comédie, et c'est une espèce de fâcheux assez insupportable qu'un homme qui dédie un livre. VOTRE MAJESTÉ en sait des nouvelles plus que personne de son royaume, et ce n'est pas d'aujourd'hui qu'elle se voit en butte à la furie des épîtres dédicatoires. Mais, bien que je suive l'exemple des autres, et me mette moi-même au rang de ceux que j'ai joués, j'ose dire toutefois à VOTRE MAJESTÉ que ce que j'en ai fait n'est pas tant pour lui présenter un livre que pour avoir lieu de lui rendre grâces du succès de cette comédie. Je le dois, SIRE, ce succès qui a passé mon attente, non-seulement à cette glorieuse approbation dont VOTRE MAJESTÉ honora d'abord la pièce, et qui a entraîné si hautement celle de tout le monde, mais encore à l'ordre qu'elle me donna d'y ajouter un caractère de fâcheux dont elle eut la bonté de m'ouvrir les idées elle-même, et qui a été trouvé partout le plus beau morceau de l'ouvrage. Il faut avouer, SIRE, que je n'ai jamais rien fait avec tant de facilité ni si promptement que cet endroit où VOTRE MAJESTÉ me commanda de tra-vailler. J'avais une joie à lui obéir qui me valait bien mieux qu'Apollon et toutes les Muses; et je conçois par là ce que je serai capable d'exécuter pour une comédie entière, si j'étais inspiré par de pareils commandements. Ceux qui sont nés dans un rang élevé peuvent se proposer l'honneur de servir VOTRE MAJESTÉ dans les grands emplois; mais pour moi, toute la gloire où je puis aspirer, c'est de la réjouir. Je borne là l'ambition de mes souhaits, et je crois qu'en quelque façon ce n'est pas être inutile à la France que de contribuer en quelque chose au divertissement de son roi. Quand je n'y réussirai pas, ce ne sera jamais par un défaut de zèle ni d'étude, mais seulement par un mauvais destin qui suit assez souvent les meilleures intentions, et qui sans doute affligerait sensiblement,

SIRE,

DE VOTRE MAJESTÉ

le très-humble, très-obéissant et très-fidèle serviteur

MOLIÈRE.

AVERTISSEMENT.

Jamais entreprise au théâtre ne fut si précipitée que celle-ci; et c'est une chose, je crois, toute nouvelle qu'une comédie ait été conçue, faite, apprise et représentée en quinze jours. Je ne dis pas cela pour me piquer de l'impromptu et en prétendre de la gloire, mais seulement pour prévenir certaines gens qui pourraient trouver à redire que je n'aie pas mis ici toutes les espèces de fâcheux qui se trouvent. Je sais que le nombre en est grand et à la cour et dans la ville, et que, sans épisodes, j'eusse bien pu en composer une comédie de cinq actes bien fournis, et avoir encore de la matière de reste. Mais, dans le peu de temps qui m'a été donné, il m'était impossible de faire un grand dessein et de rêver beaucoup sur le choix de mes personnages et sur la disposition de mon sujet. Je me réduisis donc à ne toucher qu'un petit nombre d'importuns, et je pris ceux qui s'offrirent d'abord à mon esprit et que je crus les plus propres à réjouir les augustes personnes devant qui j'avais à paraître : et, pour lier promptement toutes ces choses ensemble, je me servis du premier nœud que je pus trouver. Ce n'est pas mon dessein d'examiner maintenant si tout cela pouvait être mieux, et si tous ceux qui s'y sont divertis ont ri selon les règles. Le temps viendra de faire imprimer mes remarques sur les pièces que j'aurai faites, et je ne désespère pas de faire voir un jour, en grand auteur, que je puis citer Aristote et Horace. En attendant cet examen, qui peut-être ne viendra point, je m'en remets assez aux décisions de la multitude, et je trouve aussi difficile de combattre un ouvrage que le public approuve que d'en défendre un qu'il condamne. Il n'y a personne qui ne sache pour quelle réjouissance la pièce fut composée; et cette fête a fait un tel éclat, qu'il n'est pas nécessaire d'en parler : mais il ne sera pas hors de propos de dire deux paroles des ornements qu'on a mêlés avec la comédie.

Le dessein était de donner un ballet aussi, et, comme il n'y avait qu'un petit nombre choisi de danseurs excellents, on fut contraint de séparer les entrées de ce ballet, et l'avis fut de les jeter dans les entr'actes de la comédie, afin que ces intervalles donnassent temps aux mêmes baladins de venir sous d'autres habits; de sorte que, pour ne point rompre aussi le fil de la pièce par ces manières d'intermèdes, on s'avisa de les coudre au sujet du mieux que l'on put, et de ne faire qu'une seule chose du ballet et de la comédie : mais comme le temps était fort précipité, et que tout cela ne fut pas réglé entièrement par une même tête, on trouvera peut-être quelques endroits du ballet qui n'entrent pas dans la comédie aussi naturellement que d'autres. Quoi qu'il en soit, c'est un mélange qui est nouveau pour nos théâtres, et dont on pourrait chercher quelques autorités dans l'antiquité; et, comme tout le monde l'a trouvé agréable, il peut servir d'idée à d'autres choses qui pourraient être méditées avec plus de loisir.

D'abord que la toile fut levée, un des acteurs, comme vous pourriez dire moi, parut sur le théâtre en habit de ville, et, s'adressant au roi, avec le visage d'un homme surpris, fit des excuses sur ce qu'il se trouvait là seul et manquait de temps et d'acteurs pour donner à Sa Majesté le divertissement qu'elle semblait attendre. En même temps, au milieu de vingt jets d'eau naturels, s'ouvrit cette coquille que tout le monde a vue, et l'agréable naïade qui parut dedans s'avança au bord du théâtre et d'un air héroïque prononça les vers que M. Pellisson avait faits et qui servent de prologue.

PROLOGUE.

Le théâtre représente un jardin orné de termes et de plusieurs jets d'eau.

UNE NAÏADE *sortant des eaux dans une coquille.*

Pour voir en ces beaux lieux le plus grand roi du monde,
Mortels, je viens à vous de ma grotte profonde.
Faut-il, en sa faveur, que la terre ou que l'eau
Produisent à vos yeux un spectacle nouveau?
Qu'il parle ou qu'il souhaite, il n'est rien d'impossible.
Lui-même n'est-il pas un miracle visible?
Son règne, si fertile en miracles divers,
N'en demande-t-il pas à tout cet univers?
Jeune, victorieux, sage, vaillant, auguste,
Aussi doux que sévère, aussi puissant que juste;

Régler et ses États et ses propres désirs;
Joindre aux nobles travaux les plus nobles plaisirs;
En ses justes projets jamais ne se méprendre;
Agir incessamment, tout voir et tout entendre;
Qui peut cela peut tout : il n'a qu'à tout oser,
Et le ciel à ses vœux ne peut rien refuser.
Ces termes marcheront, et, si Louis l'ordonne,
Ces arbres parleront mieux que ceux de Dodone.
Hôtesses de leurs troncs, moindres divinités,
C'est Louis qui le veut, sortez, Nymphes, sortez;
Je vous montre l'exemple : il s'agit de lui plaire.
Quittez pour quelque temps votre forme ordinaire,
Et paraissez ensemble aux yeux des spectateurs
Pour ce nouveau théâtre autant de vrais acteurs.

Plusieurs Dryades, accompagnées de Faunes et de Satyres,
sortent des arbres et des termes.

Vous, soin de ses sujets, sa plus charmante étude,
Héroïque souci, royale inquiétude,
Laissez-le respirer, et souffrez qu'un moment
Son grand cœur s'abandonne au divertissement :
Vous le verrez demain, d'une force nouvelle,
Sous le fardeau pénible où votre voix l'appelle,
Faire obéir les lois, partager les bienfaits,
Par ses propres conseils prévenir vos souhaits,

Maintenir l'univers dans une paix profonde,
Et s'ôter le repos pour le donner au monde.
Qu'aujourd'hui tout lui plaise et semble consentir
À l'unique dessein de le bien divertir.
Fâcheux, retirez-vous ! ou, s'il faut qu'il vous voie,
Que ce soit seulement pour exciter sa joie.

La Naïade emmène avec elle, pour la comédie, une partie des gens
qu'elle a fait paraître, pendant que le reste se met à danser au son
des hautbois qui se joignent aux violons.

LES FACHEUX.

PERSONNAGES DE LA COMÉDIE.

DAMIS, tuteur d'Orphise.
ORPHISE.
ÉRASTE, amoureux d'Orphise.
ALCIDOR,
LISANDRE,
ALCANDRE, } fâcheux.
ALCIPPE,
ORANTE,

CLIMÈNE,
DORANTE,
CARITIDÈS, } fâcheux.
ORMIN,
FILINTE,
LA MONTAGNE, valet d'Éraste.
L'ÉPINE, valet de Damis.
LA RIVIÈRE et deux autres valets d'Éraste.

PERSONNAGES DU BALLET.

PREMIER ACTE.

JOUEURS DE MAIL.
CURIEUX.

DEUXIÈME ACTE.

JOUEURS DE BOULE.
FRONDEURS.

SAVETIERS et SAVETIÈRES.
UN JARDINIER.
SUISSES.

TROISIÈME ACTE.

QUATRE BERGERS.
UNE BERGÈRE.

La scène est à Paris.

ACTE PREMIER.

SCÈNE I.

ÉRASTE, LA MONTAGNE.

ÉRASTE. Sous quel astre, bon Dieu! faut-il que je sois né,
Pour être de fâcheux toujours assassiné!
Il semble que partout le sort me les adresse,
Et j'en vois chaque jour quelque nouvelle espèce.
Mais il n'est rien d'égal au fâcheux d'aujourd'hui :
J'ai cru n'être jamais débarrassé de lui;
Et cent fois j'ai maudit cette innocente envie
Qui m'a pris, à dîner, de voir la comédie,
Où, pensant m'égayer, j'ai misérablement
Trouvé de mes péchés le rude châtiment.
Il faut que je te fasse un récit de l'affaire,
Car je m'en sens encor tout ému de colère.
J'étais sur le théâtre en humeur d'écouter
La pièce, qu'à plusieurs j'avais ouï vanter;
Les acteurs commençaient, chacun prêtait silence;
Lorsque, d'un air bruyant et plein d'extravagance,
Un homme à grands canons est entré brusquement
En criant : Holà ho ! un siège promptement!
Et, de son grand fracas surprenant l'assemblée,
Dans le plus bel endroit a la pièce troublée.
Hé! mon Dieu! nos Français, si souvent redressés,
Ne prendront-ils jamais un air de gens sensés,
Ai-je dit, et faut-il, sur nos défauts extrêmes,
Qu'en théâtre public nous nous jouïons nous-mêmes,
Et confirmions ainsi, par des éclats de fous,
Ce que chez nos voisins on dit partout de nous!
Tandis que là-dessus je haussais les épaules,
Les acteurs ont voulu continuer leurs rôles :
Mais l'homme pour s'asseoir a fait nouveau fracas;
Et traversant encor le théâtre à grands pas,
Bien que dans les côtés il pût être à son aise,
Au milieu du devant il a planté sa chaise,
Et, de son large dos morguant les spectateurs,
Aux trois quarts du parterre a caché les acteurs.
Un bruit s'est élevé dont un autre eût eu honte;

Mais lui, ferme et constant, n'en a fait aucun compte,
Et se serait tenu comme il s'était posé,
Si, pour mon infortune, il ne m'eût avisé.
Ah! marquis, m'a-t-il dit prenant près de moi place,
Comment te portes-tu? souffre que je t'embrasse.
Au visage sur l'heure un rouge m'est monté
Que l'on m'eût vît connu d'un pareil éventé.
Je l'étais peu pourtant; mais on en voit paraître
De ces gens qui de rien veulent fort vous connaître,
Dont il faut au salut les baisers essuyer,
Et qui sont familiers jusqu'à vous tutoyer.
Il m'a saisi d'abord cent questions frivoles,
Plus haut que les acteurs élevant ses paroles.
Chacun le maudissait; et moi, pour l'arrêter,
Je serais, ai-je dit, bien aise d'écouter.
Tu n'as point vu ceci, marquis? Ah! Dieu me damne!
Je le trouve assez drôle, et je n'y suis pas âne;
Je sais par quelles lois un ouvrage est parfait,
Et Corneille me vient lire tout ce qu'il fait.
Là-dessus, de la pièce il m'a fait un sommaire,
Scène à scène averti de ce qui s'allait faire,
Et jusques à des vers qu'il en savait par cœur,
Il me les récitait tout haut avant l'acteur.
J'avais beau m'en défendre, il a poussé sa chance,
Et s'est devers la fin levé longtemps d'avance;
Car les gens du bel air, pour agir galamment,
Se gardent bien surtout d'ouïr le dénoûment.
Je rendais grâce au ciel, et croyais, de justice,
Qu'avec la comédie eût fini mon supplice;
Mais, comme si c'en eût été trop bon marché,
Sur nouveau frais mon homme à moi s'est attaché,
M'a conté ses exploits, ses vertus non communes,
Parlé de ses chevaux, de ses bonnes fortunes,
Et de ce qu'à la cour il avait de faveur,
Disant qu'à m'y servir il s'offrait de grand cœur.
Je le remerciais doucement de la tête,
Minutant à tous coups quelque retraite honnête.
Mais lui, pour le quitter me voyant ébranlé,
Sortons, ce m'a-t-il dit, le monde est écoulé.
Et, sortis de ce lieu, me la donnant plus sèche,

G.

Marquis, allons au cours faire voir ma calèche ;
Elle est bien entendue, et plus d'un duc et pair
En fait à mon faiseur faire une du même air.
Moi de lui rendre grâce, et, pour mieux m'en défendre,
De dire que j'avais certain repas à rendre.
Ah! parbleu, j'en veux être, étant de tes amis,
Et manque au maréchal à qui j'avais promis.
De la chère, ai-je dit, la dose est trop peu forte
Pour oser y prier des gens de votre sorte.
Non, m'a-t-il répondu, je suis sans compliment,
Et j'y vais pour causer avec toi seulement ;
Je suis des grands repas fatigué, je le jure.
Mais si l'on vous attend, ai-je dit, c'est injure.
Tu te moques, marquis ; nous nous connaissons tous,
Et je trouve avec toi des passe-temps plus doux.
Je pestais contre moi, l'âme triste et confuse,
Du funeste succès qu'avait eu mon excuse,
Et ne savais à quoi je devais recourir
Pour sortir d'une peine à me faire mourir ;
Lorsqu'un carrosse fait de superbe manière,
Et comblé de laquais et devant et derrière,
S'est avec un grand bruit devant nous arrêté,
D'où sautant un jeune homme amplement ajusté,
Mon importun et lui, courant à l'embrassade,
Ont surpris les passants de leur brusque incartade ;
Et, tandis que tous deux étaient précipités
Dans les convulsions de leurs civilités,
Je me suis doucement esquivé sans rien dire ;
Non sans avoir longtemps gémi d'un tel martyre,
Et maudit le fâcheux dont le zèle obstiné
M'ôtait au rendez-vous qui m'est ici donné.

LA MONTAGNE. Ce sont chagrins mêlés aux plaisirs de la vie.
Tout ne va pas, monsieur, au gré de notre envie :
Le ciel veut qu'ici-bas chacun ait ses fâcheux,
Et les hommes seraient sans cela trop heureux.

ÉRASTE. Mais de tous mes fâcheux le plus fâcheux encore,
C'est Damis, le tuteur de celle que j'adore,
Qui rompt ce qu'à mes vœux elle donne d'espoir,
Et malgré ses bontés lui défend de me voir.
Je crains d'avoir déjà passé l'heure promise,
Et c'est dans cette allée où devait être Orphise.

LA MONTAGNE. L'heure d'un rendez-vous d'ordinaire s'étend,
Et n'est pas resserrée aux bornes d'un instant.

ÉRASTE. Il est vrai ; mais je tremble, et mon amour extrême
D'un rien se fait un crime envers celle que j'aime.

LA MONTAGNE. Si ce parfait amour que vous prouvez si bien
Se fait vers votre objet un grand crime de rien,
Ce que son cœur pour vous sent de feux légitimes
En revanche lui fait un rien de tous vos crimes.

ÉRASTE. Mais, tout de bon, crois-tu que je sois d'elle aimé?

LA MONTAGNE. Quoi! vous doutez encor d'un amour confirmé?

ÉRASTE. Ah! c'est malaisément qu'en pareille matière,
Un cœur bien enflammé prend assurance entière :
Il craint de se flatter, et, dans ses divers soins,
Ce que plus il souhaite est ce qu'il croit le moins.
Mais songeons à trouver une beauté si rare.

LA MONTAGNE. Monsieur, votre rabat par-devant se sépare.

ÉRASTE. N'importe.

LA MONTAGNE. Laissez-moi l'ajuster, s'il vous plaît.

ÉRASTE. Ouf! tu m'étrangles; fat, laisse-le comme il est.

LA MONTAGNE. Souffrez qu'on peigne un peu...

ÉRASTE. Sottise sans pareille!
Tu m'as d'un coup de dent presque emporté l'oreille.

LA MONTAGNE. Vos canons...

ÉRASTE. Laisse-les; tu prends trop de souci.

LA MONTAGNE. Ils sont tout chiffonnés.

ÉRASTE. Je veux qu'ils soient ainsi.

LA MONTAGNE. Accordez-moi du moins, par grâce singulière,
De frotter ce chapeau qu'on voit plein de poussière.

ÉRASTE. Frotte donc, puisqu'il faut qu'en passe par là.

LA MONTAGNE. Le voulez-vous porter fait comme le voilà?

ÉRASTE. Mon Dieu! dépêche-toi.

LA MONTAGNE. Ce serait conscience.

ÉRASTE *après avoir attendu.*
C'est assez.

LA MONTAGNE. Donnez-vous un peu de patience.

ÉRASTE. Il me tue.

LA MONTAGNE. En quel lieu vous êtes-vous fourré?

ÉRASTE. T'es-tu de ce chapeau pour toujours emparé?

LA MONTAGNE. C'est fait.

ÉRASTE. Donne-moi donc.

LA MONTAGNE *laissant tomber le chapeau.* Hai!

ÉRASTE. Le voilà par terre!
Je suis fort avancé. Que la fièvre te serre!

LA MONTAGNE. Permettez qu'en deux coups j'ôte...

ÉRASTE. Il ne me plait pas.
Au diantre tout valet qui vous est sur les bras,
Qui fatigue son maître, et ne fait que déplaire
A force de vouloir trancher du nécessaire!

SCÈNE II.
ORPHISE, ALCIDOR, ÉRASTE, LA MONTAGNE.
(Orphise traverse le fond du théâtre ; Alcidor lui donne la main.)
ÉRASTE. Mais vois-je pas Orphise? Oui, c'est elle qui vient.
Où va-t-elle si vite? et quel homme la tient?
(Il la salue comme elle passe ; et elle, en passant, détourne la tête.)

SCÈNE III.
ÉRASTE, LA MONTAGNE.
ÉRASTE. Quoi! me voir en ces lieux devant elle paraître,
Et passer en feignant de ne me pas connaître!
Que croire? Qu'en dis-tu? Parle donc, si tu veux.

LA MONTAGNE. Monsieur, je ne dis rien de peur d'être fâcheux.

ÉRASTE. Et c'est l'être en effet que de ne me rien dire
Dans les extrémités d'un si cruel martyre.
Fais donc quelque réponse à mon cœur abattu :
Que dois-je présumer? Parle, qu'en penses-tu?
Dis-moi ton sentiment.

LA MONTAGNE. Monsieur, je veux me taire,
Et ne désire point trancher du nécessaire.

ÉRASTE. Peste l'impertinent! Va-t'en suivre leurs pas;
Vois ce qu'ils deviendront, et ne les quitte pas.

LA MONTAGNE *revenant sur ses pas.*
Il faut suivre de loin?...

ÉRASTE. Oui.

LA MONTAGNE *revenant sur ses pas.* Sans que l'on me voie,
Ou faire aucun semblant qu'après eux on m'envoie?

ÉRASTE. Non, tu feras bien mieux de leur donner avis
Que par mon ordre exprès ils sont de toi suivis.

LA MONTAGNE *revenant sur ses pas.*
Vous trouverai-je ici?

ÉRASTE. Que le ciel te confonde,
Homme, à mon sentiment, le plus fâcheux du monde!

SCÈNE IV.
ÉRASTE seul.
Ah! que je sens de trouble! et qu'il m'eût été doux
Qu'on m'eût fait manquer ce fatal rendez-vous!
Je pensais y trouver toutes choses propices,
Et mes yeux pour mon cœur y trouvent des supplices.

SCÈNE V.
LISANDRE, ÉRASTE.
LISANDRE. Sous ces arbres de loin mes yeux t'ont reconnu,
Cher marquis, et d'abord je suis à toi venu.
Comme à de mes amis, il faut que je te chante
Certain air que j'ai fait de petite courante,
Qui de toute la cour contente les experts,
Et sur qui plus de vingt ont déjà fait des vers.
J'ai le bien, la naissance, et quelque emploi passable,
Et fais figure en France assez considérable ;
Mais je ne voudrais pas, pour tout ce que je suis,
N'avoir point fait cet air qu'ici je te produis.
(Il prélude.)
La, la... Hem, hem... Écoute avec soin, je te prie.
(Il chante sa courante.)
N'est-elle pas belle?

ÉRASTE. Ah!

LISANDRE. Cette fin est jolie.
(Il rechante la fin quatre ou cinq fois de suite.)
Comment la trouves-tu?

ÉRASTE. Fort belle assurément.

LISANDRE. Les pas que j'en ai faits, n'ont pas moins d'agrément,
Et surtout la figure à merveilleuse grâce.
(Il chante, parle et danse tout ensemble.)
Tiens, l'homme passe ainsi, puis la femme repasse :
Ensemble ; puis on quitte, et la femme vient là.
Vois-tu ce petit trait de feinte que voilà?
Ce fleuret? ces coupés, courant après la belle?
Dos à dos, face à face, en se pressant sur elle.
Que t'en semble, marquis?

ÉRASTE. Tous ces pas-là sont fins.

LISANDRE. Je me moque, pour moi, des maîtres baladins.

ÉRASTE. On le voit.

LISANDRE. Les pas donc?

ÉRASTE. N'ont rien qui ne surprenne.

LISANDRE. Veux-tu par amitié que je te les apprenne?

ÉRASTE. Ma foi, pour le présent, j'ai certain embarras...

LISANDRE. Hé bien donc, ce sera lorsque tu le voudras.
Si j'avais dessus moi ces paroles nouvelles,

Nous les lirions ensemble, et verrions les plus belles.
ÉRASTE. Une autre fois.
LISANDRE. Adieu. Baptiste le très-cher
N'a point vu ma courante, et je le vais chercher :
Nous nous pour les airs de grandes sympathies,
Et je le veux prier d'y faire des parties.
(Il s'en va chantant toujours.)

SCÈNE VI.
ÉRASTE *seul.*

Ciel ! faut-il que le rang, dont on veut tout couvrir,
De cent sots tous les jours nous oblige à souffrir,
Et nous fasse abaisser jusques aux complaisances
D'applaudir bien souvent à leurs impertinences !

SCÈNE VII.
ÉRASTE, LA MONTAGNE.

LA MONTAGNE. Monsieur, Orphise est seule, et vient de ce côté.
ÉRASTE. Ah ! d'un trouble bien grand je me sens agité !
J'ai de l'amour encor pour la belle inhumaine,
Et ma raison voudrait que j'eusse de la haine.
LA MONTAGNE. Monsieur, votre raison ne sait ce qu'elle veut,
Ni ce que sur un cœur une maîtresse peut.
Bien que de s'emporter on ait de justes causes,
Une belle d'un mot rajuste bien des choses.
ÉRASTE. Hélas ! je te l'avoue, et déjà cet aspect
A toute ma colère imprime le respect.

SCÈNE VIII.
ORPHISE, ÉRASTE, LA MONTAGNE.

ORPHISE. Votre front à mes yeux montre peu d'allégresse !
Serait-ce ma présence, Eraste, qui vous blesse ?
Qu'est-ce donc ? qu'avez-vous ? et sur quels déplaisirs,
Lorsque vous me voyez, poussez-vous des soupirs ?
ÉRASTE. Hélas ! pouvez-vous bien me demander, cruelle,
Ce qui fait de mon cœur la tristesse mortelle ?
Et d'un esprit méchant n'est-ce pas un effet,
Que feindre d'ignorer ce que vous m'avez fait ?
Celui dont l'entretien vous a fait à ma vue
Passer...
ORPHISE *riant.* C'est de cela que votre âme est émue ?
ÉRASTE. Insultez, inhumaine, encore à mon malheur :
Allez, il vous sied mal de railler ma douleur,
Et d'abuser, ingrate, à maltraiter ma flamme,
Du faible que pour vous vous savez qu'a mon âme.
ORPHISE. Certes, il en faut rire et confesser ici
Que vous êtes bien fou de vous troubler ainsi.
L'homme dont vous parlez, loin qu'il puisse me plaire,
Est un homme fâcheux dont j'ai su me défaire,
Un de ces importuns et sots officieux
Qui ne pourraient souffrir qu'on soit seule en des lieux,
Et viennent aussitôt, avec un doux langage,
Vous donner une main contre qui l'on enrage,
J'ai feint de m'en aller pour cacher mon dessein,
Et jusqu'à mon carrosse il m'a prêté la main.
Je m'en suis promptement défaite de la sorte ;
Et j'ai, pour vous trouver, rentré par l'autre porte.
ÉRASTE. A vos discours, Orphise, ajouterai-je foi ?
Et votre cœur est-il tout sincère pour moi ?
ORPHISE. Je vous trouve fort bon de tenir ces paroles,
Quand je me justifie à vos plaintes frivoles.
Je suis bien simple encore ; et ma sotte bonté...
ÉRASTE. Ah ! ne vous fâchez pas, trop sévère beauté :
Je veux croire en aveugle, étant sous votre empire,
Tout ce que vous aurez la bonté de me dire.
Trompez, si vous voulez, un malheureux amant ;
J'aurai pour vous respect jusques au monument...
Maltraitez mon amour, refusez-moi le vôtre,
Exposez à mes yeux le triomphe d'un autre ;
Oui, je souffrirai tout de vos divins appas.
J'en mourrai : mais enfin je ne m'en plaindrai pas.
ORPHISE. Quand de tels sentiments régneront dans votre âme,
Je saurai de ma part...

SCÈNE IX.
ALCANDRE, ORPHISE, ÉRASTE, LA MONTAGNE.

ALCANDRE. Marquis, un mot. *(A Orphise.)* Madame,
De grâce, pardonnez si je suis indiscret
En osant devant vous lui parler en secret.
(Orphise sort.)

SCÈNE X.
ALCANDRE, ÉRASTE, LA MONTAGNE.

ALCANDRE. Avec peine, marquis, je te fais la prière :
Mais un homme vient là de me rompre en visière,

Et je souhaite fort, pour ne rien reculer,
Qu'à l'heure de ma part tu l'ailles appeler.
Tu sais qu'en pareil cas ce serait avec joie
Que je te le rendrais en la même monnoie.
ÉRASTE *après avoir été quelque temps sans parler.*
Je ne veux point ici faire le capitan :
Mais on m'a vu soldat avant que courtisan ;
J'ai servi quatorze ans, et je crois être en passe
De pouvoir d'un tel pas me tirer avec grâce,
Et de ne craindre point qu'à quelque lâcheté
Le refus de mon bras me puisse être imputé.
Un duel met les gens en mauvaise posture ;
Et notre roi n'est pas un monarque en peinture.
Il sait faire obéir les plus grands de l'Etat,
Et je trouve qu'il fait en digne potentat.
Quand il faut le servir, j'ai le cœur pour le faire ;
Mais je ne m'en sens point quand il faut lui déplaire.
Je me fais de son ordre une suprême loi :
Pour lui désobéir cherche un autre que moi.
Je te parle, vicomte, avec franchise entière,
Et suis ton serviteur en toute autre matière.
Adieu.

SCÈNE XI.
ÉRASTE, LA MONTAGNE.

ÉRASTE. Cinquante fois au diable les fâcheux !
Où donc s'est retiré cet objet de mes vœux ?
LA MONTAGNE. Je ne sais.
ÉRASTE. Pour savoir où la belle est allée,
Va-t'en chercher partout ; j'attends dans cette allée.

BALLET DU PREMIER ACTE.

PREMIÈRE ENTRÉE.

Des joueurs de mail, en criant gare, obligent Éraste à se retirer.

DEUXIÈME ENTRÉE.

Après que les joueurs de mail ont fini, Éraste revient pour attendre Orphise. Des curieux tournent autour de lui pour le reconnaître, et font qu'il se retire encore pour un moment.

ACTE DEUXIÈME.

SCÈNE I.
ÉRASTE.

Les fâcheux à la fin se sont-ils écartés ?
Je pense qu'il en pleut ici de tous côtés.
Je les fuis et les trouve, et, pour second martyre,
Je ne saurais trouver celle que je désire.
Le tonnerre et la pluie ont promptement passé,
Et n'ont point de ces lieux le beau monde chassé :
Plût au ciel, dans les dons que ses soins y prodiguent,
Qu'ils en eussent chassé tous les gens qui fatiguent !
Le soleil baisse fort, et je suis étonné
Que mon valet encor ne soit point retourné.

SCÈNE II.
ALCIPPE, ÉRASTE.

ALCIPPE. Bonjour.
ÉRASTE *à part.* Hé quoi ! toujours ma flamme divertie !
ALCIPPE. Console-moi, marquis, d'une étrange partie
Qu'au piquet je perdis hier contre un Saint-Bouvain
À qui je donnerais quinze points et la main.
C'est un coup enragé qui depuis hier m'accable,
Et qui ferait donner tous les joueurs au diable,
Un coup assurément à se pendre en public.
Il ne m'en faut que deux, l'autre a besoin d'un pic :
Je donne, il en prend six, et demande à refaire ;
Moi, me voyant de tout, je n'en voulus rien faire.
Je porte l'as de trèfle (admire mon malheur !),
L'as, le roi, le valet, le huit et dix de cœur ;
Et quitte, comme au point allait la politique,
Dame et roi de carreau, dix et dame de pique.
Sur mes cinq cœurs portés la dame arrive encor,
Qui me fait justement une quinte major.
Mais mon homme avec l'as, non sans surprise extrême,
Des bas carreaux sur table étale une sixième :
J'en avais écarté la dame avec le roi.
Mais, lui fallant un pic, je sortis hors d'effroi,

Et croyais bien du moins faire deux points uniques.
Avec les sept carreaux il avait quatre piques,
Et, jetant le dernier, m'a mis dans l'embarras
De ne savoir lequel garder de mes deux as.
J'ai jeté l'as de cœur, avec raison, me semble;
Mais il avait quitté quatre trèfles ensemble,
Et par un six de cœur je me suis vu capot,
Sans pouvoir, de dépit, proférer un seul mot.
Morbleu! fais-moi raison de ce coup effroyable:
À moins que l'avoir vu, peut-il être croyable?

ÉRASTE. C'est dans le jeu qu'on voit les plus grands coups du sort.

ALCIPPE. Parbleu! tu jugeras toi-même si j'ai tort,
Et si c'est sans raison que ce coup me transporte;
Car voici nos deux jeux qu'exprès sur moi je porte.
Tiens, c'est ici mon port, comme je te l'ai dit;
Et voici...

ÉRASTE.   J'ai compris le tout par ton récit,
Et vois de la justice au transport qui t'agite:
Mais pour certaine affaire il faut que je te quitte.
Adieu. Console-toi pourtant de ton malheur.

ALCIPPE. Qui? moi! J'aurai toujours ce coup-là sur le cœur;
Et c'est pour ma raison pis qu'un coup de tonnerre.
Je le veux faire, moi, voir à toute la terre.

Il s'en va, et rentre en disant:

Un six de cœur! Deux points!

ÉRASTE.   En quel lieu sommes-nous?
De quelque part qu'on tourne, on ne voit que des fous.

SCÈNE III.
ÉRASTE, LA MONTAGNE.

ÉRASTE. Ah! que tu fais languir ma juste impatience!

LA MONTAGNE. Monsieur, je n'ai pu faire une autre diligence.

ÉRASTE. Mais me rapportes-tu quelque nouvelle enfin?

LA MONTAGNE. Sans doute, et de l'objet qui fait votre destin.
J'ai par son ordre exprès quelque chose à vous dire.

ÉRASTE. Et quoi? Déjà mon cœur après ce mot soupire.
Parle.

LA MONTAGNE. Souhaitez-vous de savoir ce que c'est?

ÉRASTE. Oui, dis vite.

LA MONTAGNE.   Monsieur, attendez, s'il vous plaît:
Je me suis à courir presque mis hors d'haleine.

ÉRASTE. Prends-tu quelque plaisir à me tenir en peine?

LA MONTAGNE. Puisque vous désirez de savoir promptement
L'ordre que j'ai reçu de cet objet charmant,
Je vous dirai... Ma foi, sans vous vanter mon zèle,
J'ai bien fait du chemin pour trouver cette belle;
Et si...

ÉRASTE. Peste soit, fat, de tes digressions!

LA MONTAGNE. Ah! il faut modérer un peu ses passions;
Et Sénèque...

ÉRASTE.   Sénèque est un sot dans ta bouche,
Puisqu'il ne me dit rien de tout ce qui me touche.
Dis-moi ton ordre, tôt.

LA MONTAGNE.   Pour contenter vos vœux,
Votre Orphise... Une bête est là dans vos cheveux.

ÉRASTE. Laisse.

LA MONTAGNE. Cette beauté de sa part vous fait dire...

ÉRASTE. Quoi?

LA MONTAGNE. Devinez.

ÉRASTE.   Sais-tu que je ne veux pas rire?

LA MONTAGNE. Son ordre est qu'en ce lieu vous devez vous tenir,
Assuré que dans peu vous l'y verrez venir,
Lorsqu'elle aura quitté quelques provinciales,
Aux personnes de cour fâcheuses animales.

ÉRASTE. Tenons-nous donc au lieu qu'elle a voulu choisir.
Mais, puisque l'ordre ici m'offre quelque loisir,
Laisse-moi méditer.

(La Montagne sort.)

    J'ai dessein de lui faire
Quelques vers sur un air où je la vois se plaire.

(Il rêve.)

SCÈNE IV.
ORANTE, CLIMÈNE, ÉRASTE *dans un coin du théâtre sans être aperçu.*

ORANTE. Tout le monde sera de mon opinion.

CLIMÈNE. Croyez-vous l'emporter par obstination?

ORANTE. Je pense mes raisons meilleures que les vôtres.

CLIMÈNE. Je voudrais qu'on ouït les unes et les autres.

ORANTE *apercevant Éraste.* J'avise un homme ici qui n'est pas ignorant:
Il pourra nous juger sur notre différend.
Marquis, de grâce, un mot; souffrez qu'on vous appelle
Pour être entre nous deux juge d'une querelle,
D'un débat qu'ont ému nos divers sentiments
Sur ce qui peut marquer les plus parfaits amants.

ÉRASTE. C'est une question à vider difficile,
Et vous devez chercher un juge plus habile.

ORANTE. Non, vous nous dites là d'inutiles chansons.
Votre esprit fait du bruit, et nous vous connaissons;
Nous savons que chacun vous donne à juste titre...

ÉRASTE. Hé! de grâce...

ORANTE.   En un mot, vous serez notre arbitre;
Et ce sont deux moments qu'il vous faut nous donner.

CLIMÈNE *à Orante.* Vous retenez ici qui doit vous condamner:
Car enfin, s'il est vrai ce que j'en ose croire,
Monsieur à mes raisons donnera la victoire.

ÉRASTE *à part.* Que ne puis-je à mon traître inspirer le souci
D'inventer quelque chose à me tirer d'ici!

ORANTE *à Climène.* Pour moi, de son esprit j'ai trop bon témoignage
Pour craindre qu'il prononce à mon désavantage.
(A Éraste.)
Enfin, ce grand débat qui s'allume entre nous
Est de savoir s'il faut qu'un amant soit jaloux.

CLIMÈNE. Ou, pour mieux expliquer ma pensée et la vôtre,
Lequel doit plaire plus d'un jaloux ou d'un autre.

ORANTE. Pour moi, sans contredit, je suis pour le dernier.

CLIMÈNE. Et dans mon sentiment je tiens pour le premier.

ORANTE. Je crois que notre cœur doit donner son suffrage
À qui fait éclater du respect davantage.

CLIMÈNE. Et moi, que si nos vœux doivent paraître au jour,
C'est pour celui qui fait éclater plus d'amour.

ORANTE. Oui; mais on voit l'ardeur dont une âme est saisie
Bien mieux dans les respects que dans la jalousie.

CLIMÈNE. Et c'est mon sentiment que qui s'attache à nous
Nous aime d'autant plus qu'il se montre jaloux.

ORANTE. Fi! ne me parlez point pour être amants, Climène,
De ces gens dont l'amour est fait comme la haine,
Et qui, pour tous respects et toute offre de vœux,
Ne s'appliquent jamais qu'à se rendre fâcheux;
Dont l'âme, que sans cesse un noir transport anime,
Des moindres actions cherche à nous faire un crime,
En soumet l'innocence à son aveuglement,
Et veut sur un coup d'œil un éclaircissement;
Qui, de quelque chagrin nous voyant l'apparence,
Se plaignent aussitôt qu'il naît de leur présence;
Et, lorsque dans nos yeux brille un peu d'enjouement,
Veulent que leurs rivaux en soient le fondement;
Enfin, qui, prenant droit des fureurs de leur zèle,
Ne nous parlent jamais que pour faire querelle,
Osent défendre à tous l'approche de nos cœurs,
Et se font les tyrans de leurs propres vainqueurs.
Moi je veux des amants que le respect inspire;
Et leur soumission marque mieux notre empire.

CLIMÈNE. Fi! ne me parlez point, pour être vrais amants,
De ces gens qui pour nous n'ont nuls emportements,
De ces tièdes galants de qui les cœurs paisibles
Tiennent déjà pour eux les choses infaillibles,
N'ont point peur de nous perdre, et laissent chaque jour
Sur trop de confiance endormir leur amour;
Sont avec leurs rivaux en bonne intelligence,
Et laissent un champ libre à leur persévérance.
Un amour si tranquille excite mon courroux:
C'est aimer froidement que n'être point jaloux;
Et je veux qu'un amant, pour me prouver sa flamme,
Sur d'éternels soupçons laisse flotter son âme,
Et, par de prompts transports, donne un signe éclatant
De l'estime qu'il fait de celle qu'il prétend.
On s'applaudit alors de son inquiétude;
Et, s'il nous fait parfois un traitement trop rude,
Le plaisir de le voir, soumis à nos genoux,
S'excuser de l'éclat qu'il a fait contre nous,
Ses pleurs, son désespoir d'avoir pu nous déplaire,
Sont un charme à calmer toute notre colère.

ORANTE. Si pour vous plaire il faut beaucoup d'emportement,
Je sais qui vous pourrait donner contentement,
Et je connais des gens dans Paris plus de quatre,
Qui, comme ils le font voir, aiment jusques à battre.

CLIMÈNE. Si pour vous plaire il faut être jamais jaloux,
Je sais certaines gens fort commodes pour vous;
Des hommes en amour d'une humeur si souffrante,
Qu'ils vous verraient sans peine entre les bras de trente.

ORANTE. Enfin par votre arrêt vous devez déclarer
Celui de qui l'amour vous semble à préférer.
*(Orphise paraît dans le fond du théâtre et voit Éraste entre
Orante et Climène.)*

ÉRASTE. Puisqu'à moins d'un arrêt je ne m'en puis défaire,
Toutes deux à la fois je veux vous satisfaire;
Et pour ne point blâmer ce qui plaît à vos yeux,
Le jaloux aime plus et l'autre aime bien mieux.

CLIMÈNE. L'arrêt est plein d'esprit; mais...

ÉRASTE.   Suffit. J'en suis quitte.
Après ce que j'ai dit, souffrez que je vous quitte.

SCÈNE V.

ORPHISE, ÉRASTE.

ÉRASTE *apercevant Orphise et allant au-devant d'elle.*
Que vous tardez, madame! et que j'éprouve bien...
ORPHISE. Non, non, ne quittez pas un si doux entretien.
A tort vous m'accusez d'être trop tard venue;
(*Montrant Orante et Climène qui viennent de sortir.*)
Et vous avez de quoi vous passer de ma vue.
ÉRASTE. Sans sujet contre moi voulez-vous vous aigrir?
Et me réprochez-vous ce qu'on me fait souffrir?
Ah! de grâce, attendez.
ORPHISE.   Laissez-moi, je vous prie,
Et courez vous rejoindre à votre compagnie.

SCÈNE VI.

ÉRASTE *seul.*

Ciel! faut-il qu'aujourd'hui fâcheuses et fâcheux
Conspirent à troubler les plus chers de mes vœux!
Mais allons sur ses pas malgré sa résistance,
Et faisons à ses yeux briller notre innocence.

SCÈNE VII.

DORANTE, ÉRASTE.

DORANTE. Ah! marquis, que l'on voit de fâcheux tous les jours
Venir de nos plaisirs interrompre le cours!
Tu me vois enragé d'une assez belle chasse
Qu'un fat... C'est un récit qu'il faut que je te fasse.
ÉRASTE. Je cherche ici quelqu'un, et ne puis m'arrêter.
DORANTE. Parbleu! chemin faisant, je te le veux conter.
Nous étions une troupe assez bien assortie,
Qui pour courir un cerf avions hier fait partie;
Et nous fûmes coucher sur le pays exprès,
C'est-à-dire, mon cher, en fin fond des forêts.
Comme cet exercice est mon plaisir suprême,
Je voulus, pour bien faire, aller au bois moi-même,
Et nous conclûmes tous d'attacher nos efforts
Sur un cerf qu'un chacun nous disait cerf dix cors;
Mais moi, mon jugement, sans qu'aux marques j'arrête,
Fut qu'il n'était que cerf à sa seconde tête.
Nous avions tous séparé nos relais,
Et déjeunions en hâte avec quelques œufs frais,
Lorsqu'un franc campagnard avec longue rapière,
Montant superbement sa jument poulinière,
Qu'il honorait du nom de sa bonne jument,
S'en est venu nous faire un mauvais compliment,
Nous présentant aussi, pour surcroît de colère,
Un grand benêt de fils aussi sot que son père.
Il s'est dit grand chasseur, et nous a priés tous
Qu'il pût avoir le bien de courir avec nous.
Dieu préserve, en chassant, toute sage personne
D'un porteur de huchet qui mal à propos sonne;
De ces gens qui, suivis de dix hourets galeux,
Disent, ma meute, et font les chasseurs merveilleux!
Sa demande reçue, et ses vertus prisées,
Nous avons tous été frapper à nos brisées.
A trois longueurs de trait, tayaut, voilà d'abord
Le cerf donné aux chiens. J'appuie, et sonne fort.
Mon cerf débûche et passe une assez longue plaine,
Et mes chiens après lui, mais si bien en haleine,
Qu'on les aurait couverts tous d'un seul justaucorps.
Il vient à la forêt. Nous lui donnons alors
La vieille meute; et moi je prends en diligence
Mon cheval alezan. Tu l'as vu?
ÉRASTE.   Non, je pense.
DORANTE. Comment, c'est un cheval aussi bon qu'il est beau,
Et que ces jours passés j'achetai de Gaveau[1].
Je te laisse à penser si, sur cette matière,
Il voudrait me tromper, lui qui me considère.
Aussi je m'en contente, et jamais, en effet,
Il n'a vendu cheval ni meilleur ni mieux fait.
Une tête de barbe, avec l'étoile nette;
L'encolure d'un cygne, effilée et bien droite;
Point d'épaules non plus qu'un lièvre; court-jointé,
Et qui fait dans son port voir sa vivacité;
Des pieds, morbleu, des pieds! le rein double : à vrai dire,
J'ai trouvé le moyen, moi seul, de le réduire;
Et sur lui, quoiqu'aux yeux il montrât beau semblant,

[1] Fameux marchand de chevaux.

Petit-Jean de Gaveau ne montait qu'en tremblant.
Une croupe en largeur à nulle autre pareille,
Et des gigots, Dieu sait! Bref, c'est une merveille;
Et j'en ai refusé cent pistoles, crois-moi,
Au retour d'un cheval amené pour le roi.
Je monte donc dessus, et ma joie était pleine
De voir filer de loin les coupeurs dans la plaine;
Je pousse, et je me trouve en un fort à l'écart,
A la queue de nos chiens, moi seul avec Drécart[1] :
Une heure là-dedans notre cerf se fait battre.
J'appuie alors mes chiens, et fais le diable à quatre;
Enfin jamais chasseur ne se vit plus joyeux.
Je le relance seul; et tout allait des mieux,
Lorsque d'un jeune cerf s'accompagne le nôtre :
Une part de mes chiens se sépare de l'autre,
Et je les vois, marquis, comme tu peux penser,
Chasser tous avec crainte, et Finaut balancer;
Il se rabat soudain, dont j'eus l'âme ravie;
Il empaume la voie; et moi je sonne et crie :
A Finaut! à Finaut! J'en revois à plaisir
Sur une taupinière, et re-sonne à loisir,
Quelques chiens revenaient à moi, quand, pour disgrâce,
Le jeune cerf, marquis, à mon campagnard passe,
Mon étourdi se met à sonner comme il faut,
Et crie à pleine voix : Tayaut! tayaut! tayaut!
Mes chiens me quittent tous, et vont à ma pécore :
J'y pousse, et j'en revois dans le chemin encore;
Mais à terre, mon cher, je n'eus pas jeté l'œil
Que je connus le change, et sentis un grand deuil.
J'ai beau lui faire voir toutes les différences
Des pinces de mon cerf et de ses connaissances,
Il me soutient toujours, en chasseur ignorant,
Que c'est le cerf de meute; et par ce différend
Il donne temps aux chiens d'aller loin. J'en enrage
Et, pestant de bon cœur contre le personnage,
Je pousse mon cheval et par haut et par bas,
Qui pliait des gaulis aussi gros que le bras :
Je ramène les chiens à ma première voie,
Qui vont, en me donnant une excessive joie,
Requérir notre cerf, comme s'ils l'eussent vu.
Ils le relancent : mais ce coup est-il prévu?
A te dire le vrai, cher marquis, il m'assomme :
Notre cerf relancé va passer à notre homme,
Qui, croyant faire un coup de chasseur fort vanté,
D'un pistolet d'arçon qu'il avait apporté
Lui donne justement au milieu de la tête,
Et de fort loin me crie : Ah! j'ai mis bas la bête.
A-t-on jamais parlé de pistolets, bon Dieu!
Pour courre un cerf! Pour moi, venant dessus le lieu,
J'ai trouvé l'action tellement hors d'usage,
Que j'ai donné des deux à mon cheval, de rage,
Et m'en suis revenu chez moi toujours courant,
Sans vouloir dire un mot à ce sot ignorant.
ÉRASTE. Tu ne pouvais mieux faire, et ta prudence est rare :
C'est ainsi des fâcheux qu'il faut qu'on se sépare.
Adieu.
DORANTE.   Quand tu voudras, nous irons quelque part
Où nous ne craindrons point de chasseur campagnard.
(*Seul.*)
ÉRASTE. Fort bien. Je crois qu'enfin je perdrai patience.
Cherchons à m'excuser avecque diligence.

BALLET DU DEUXIÈME ACTE.

PREMIÈRE ENTRÉE.

Des joueurs de boule arrêtent Éraste pour mesurer un coup sur lequel ils sont en dispute. Il se défait d'eux avec peine, et leur laisse danser un pas composé de toutes les postures qui sont ordinaires à ce jeu.

DEUXIÈME ENTRÉE.

De petits frondeurs le viennent interrompre, qui sont chassés ensuite.

TROISIÈME ENTRÉE.

Des savetiers et des savetières, leurs pères, et autres, sont aussi chassés à leur tour.

QUATRIÈME ENTRÉE.

Un jardinier danse seul, et se retire pour faire place au troisième acte.

[1] Fameux piqueur.

ACTE TROISIÈME.

SCÈNE I.

ÉRASTE, LA MONTAGNE.

ÉRASTE. Il est vrai, d'un côté mes soins ont réussi,
Cet adorable objet enfin s'est adouci;
Mais d'un autre on m'accable, et les astres sévères
Ont contre mon amour redoublé leurs colères.
Oui, Damis son tuteur, mon plus rude fâcheux,
Tout de nouveau s'oppose au plus doux de mes vœux,
A son aimable nièce a défendu ma vue,
Et veut d'un autre époux la voir demain pourvue.
Orphise toutefois, malgré son désaveu,
Daigne accorder ce soir une grâce à mon feu;
Et j'ai fait consentir l'esprit de cette belle
A souffrir qu'en secret je la visse chez elle.
L'amour aime surtout les secrètes faveurs;
Dans l'obstacle qu'il force il trouve des douceurs;
Et le moindre entretien de la beauté qu'on aime,
Lorsqu'il est défendu, devient grâce suprême.
Je vais au rendez-vous, c'en est l'heure à peu près;
Puis je veux m'y trouver plutôt avant qu'après.
LA MONTAGNE. Suivrai-je vos pas?
ÉRASTE.   Non. Je craindrais que peut-être
A quelques yeux suspects tu me fisses connaître.
LA MONTAGNE. Mais....
ÉRASTE.   Je ne le veux pas,
LA MONTAGNE.   Je dois suivre vos lois :
Mais au moins si de loin...
ÉRASTE.   Te tairas-tu, vingt fois?
Et ne veux-tu jamais quitter cette méthode
De te rendre à toute heure un valet incommode?

SCÈNE II.

CARITIDÈS, ÉRASTE.

CARITIDÈS. Monsieur, le temps répugne à l'honneur de vous voir;
Le matin est plus propre à rendre un tel devoir :
Mais de vous rencontrer il n'est pas bien facile;
Car vous dormez toujours, ou vous êtes en ville :
Au moins, messieurs, vos gens me l'assurent ainsi;
Et j'ai pour vous trouver pris l'heure que voici.
Encore est-ce un grand heur dont le destin m'honore;
Car deux moments plus tard je vous manquais encore.
ÉRASTE. Monsieur, souhaitez-vous quelque chose de moi?
CARITIDÈS. Je m'acquitte, monsieur, de ce que je vous doi,
Et vous viens... Excusez l'audace qui m'inspire.
Si...
ÉRASTE.   Sans tant de façons, qu'avez-vous à me dire?
CARITIDÈS. Comme le rang, l'esprit, la générosité,
Que chacun vante en vous...
ÉRASTE.   Oui, je suis fort vanté.
Passons, monsieur.
CARITIDÈS.   Monsieur, c'est une peine extrême
Lorsqu'il faut à quelqu'un se produire soi-même;
Et toujours près des grands on doit être introduit
Par des gens qui de nous fassent un peu de bruit,
Dont la bouche écoutée avecque poids débite
Ce qui peut faire voir notre petit mérite.
Pour moi, j'aurais voulu que des gens bien instruits
Vous eussent pu, monsieur, dire ce que je suis.
ÉRASTE. Je vois assez, monsieur, ce que vous pouvez être,
Et votre seul abord le peut faire connaître.
CARITIDÈS. Oui, je suis un savant charmé de vos vertus :
Non pas de ces savants dont le nom n'est qu'en us,
Il n'est rien si commun qu'un nom à la latine :
Ceux qu'on babille en grec ont bien meilleure mine,
Et pour en avoir un qui se termine en ès,
Je me fais appeler monsieur Caritidès.
ÉRASTE. Monsieur Caritidès, soit. Qu'avez-vous à dire?
CARITIDÈS. C'est un placet, monsieur, que je voudrais vous lire,
Et que, dans la posture où vous met votre emploi,
J'ose vous conjurer de présenter au roi.
ÉRASTE. Hé! monsieur, vous pouvez le présenter vous-même.
CARITIDÈS. Il est vrai que le roi fait cette grâce extrême;
Mais, par ce même excès de ses rares bontés,
Tant de méchants placets, monsieur, sont présentés,
Qu'ils étouffent les bons : et l'espoir où je fonde
Est qu'on donne le mien quand le prince est sans monde.
ÉRASTE. Hé bien! vous le pouvez, et prendre votre temps.
CARITIDÈS. Ah! monsieur, les huissiers sont de terribles gens!
Ils traitent les savants de faquins à nasardes,
Et je n'en puis venir qu'à la salle des gardes.

Les mauvais traitements qu'il me faut endurer
Pour jamais de la cour me feraient retirer,
Si je n'avais conçu l'espérance certaine
Qu'auprès de notre roi vous serez mon Mécène..
Oui, votre crédit m'est un moyen assuré...
ÉRASTE. Hé bien, donnez-moi donc; je le présenterai.
CARITIDÈS. Le voici. Mais au moins oyez-en la lecture.
ÉRASTE. Non...
CARITIDÈS.   C'est pour être instruit, monsieur; je vous conjure.

PLACET AU ROI.

« SIRE,

» Votre très-humble, très-obéissant, très-fidèle et très-savant sujet
» et serviteur Caritidès, Français de nation, Grec de profession, ayant
» considéré les grands et notables abus qui se commettent aux inscrip-
» tions des enseignes des maisons, boutiques, cabarets, jeux de boule
» et autres lieux de votre bonne ville de Paris, en ce que certains
» ignorants, compositeurs desdites inscriptions, renversent, par une
» barbare, pernicieuse et détestable orthographe, toute sorte de sens
» et de raison, sans aucun égard d'étymologie, analogie, énergie ni
» allégorie quelconque, au grand scandale de la république des lettres
» et de la nation française, qui se décrie et se déshonore par lesdits
» abus et fautes grossières envers les étrangers, notamment envers
» les Allemands, curieux lecteurs et spectateurs desdites inscriptions...
ÉRASTE. Ce placet est fort long, et pourrait bien fâcher.
CARITIDÈS. Hélas! monsieur, pas un mot ne s'en peut retrancher.

(Il continue.)

» supplie humblement VOTRE MAJESTÉ de créer, pour le bien de son
» État et la gloire de son empire, une charge de contrôleur, inten-
» dant, correcteur, réviseur et restaurateur général desdites inscrip-
» tions, et d'icelle honorer le suppliant, tant en considération de son
» rare et éminent savoir, que des grands et signalés services qu'il a
» rendus à l'État et à VOTRE MAJESTÉ, en faisant l'anagramme de
» VOTREDITE MAJESTÉ, en français, latin, grec, hébreu, syriaque,
» chaldéen, arabe... »
ÉRASTE l'interrompant. Fort bien. Donnez-le vite, et faites la retraite.
Il sera vu du roi; c'est une affaire faite.
CARITIDÈS. Hélas! monsieur, c'est tout que montrer mon placet.
Si le roi le peut voir, je suis sûr de mon fait;
Car, comme sa justice en toute chose est grande,
Il ne pourra jamais refuser ma demande.
Au reste, pour porter au ciel votre renom,
Donnez-moi par écrit votre nom et surnom;
J'en veux faire un poëme en forme d'acrostiche
Dans ces deux bouts du vers et dans chaque hémistiche.
ÉRASTE. Oui, vous l'aurez demain, monsieur Caritidès.
(Seul.)
Ma foi, de tels savants sont des ânes bien faits.
J'aurais dans d'autres temps bien ri de sa sottise.

SCÈNE III.

ORMIN, ÉRASTE.

ORMIN. Bien qu'une grande affaire en ce lieu me conduise,
J'ai voulu qu'il sortît avant que vous parler.
ÉRASTE. Fort bien. Mais dépêchons, car je veux m'en aller.
ORMIN. Je me doute à peu près que l'homme qui vous quitte
Vous a fort ennuyé, monsieur, par sa visite.
C'est un vieux importun qui n'a pas l'esprit sain,
Et pour qui j'ai toujours quelque défaite en main.
Au Mail, au Luxembourg, et dans les Tuileries,
Il fatigue le monde avec ses rêveries,
Et des gens comme vous doivent fuir l'entretien
De tous ces savantas qui ne sont bons à rien.
Pour moi, je ne crains pas que je vous importune,
Puisque je viens, monsieur, faire votre fortune.
ÉRASTE bas à part. Voici quelque souffleur, de ces gens qui n'ont rien,
Et nous viennent toujours promettre tant de bien.
(Haut.)
Vous avez fait, monsieur, cette bénite pierre
Qui peut seule enrichir tous les rois de la terre?
ORMIN. La plaisante pensée, hélas! où vous voilà!
Dieu me garde, monsieur, d'être de ces fous-là!
Je ne me repais point de visions frivoles,
Et je vous porte ici les solides paroles
D'un avis que par vous je veux donner au roi,
Et que tout cacheté je conserve sur moi :
Non de ces sots projets, de ces chimères vaines,
Dont les surintendants ont les oreilles pleines;
Non de ces gueux d'avis dont les prétentions
Ne parlent que de vingt ou trente millions;
Mais un qui, tous les ans, à si peu qu'on le monte,
En peut donner au roi quatre cents de bon compte,
Avec facilité, sans risque ni soupçon,
Et sans fouler le peuple en aucune façon;

Enfin, c'est un avis d'un gain inconcevable,
Et que du premier mot on trouvera faisable.
Oui, pourvu que par vous je puisse être poussé...

ÉRASTE. Soit, nous en parlerons. Je suis un peu pressé.

ORMIN. Si vous me promettiez de garder le silence,
Je vous découvrirais cet avis d'importance.

ÉRASTE. Non, non, je ne veux point savoir votre secret.

ORMIN. Monsieur, pour le trahir je vous crois trop discret,
Et veux avec franchise en deux mots vous l'apprendre.
Il faut voir si quelqu'un ne peut point nous entendre.
*(Après avoir regardé si personne ne l'écoute, il s'approche de l'oreille
d'Éraste.)*
Cet avis merveilleux dont je suis l'inventeur
Est que...

ÉRASTE. D'un peu plus loin, et pour cause, monsieur.

ORMIN. Vous voyez le grand gain, sans qu'il faille le dire,
Que de ses ports de mer le roi tous les ans tire :
Or l'avis, dont encor nul ne s'est avisé,
Est qu'il faut de la France, et c'est un coup aisé,
En fameux ports de mer mettre toutes les côtes.
Ce serait pour monter à des sommes très-hautes ;
Et si...

ÉRASTE. L'avis est bon, et plaira fort au roi.
Adieu. Nous nous verrons.

ORMIN. Au moins appuyez-moi
Pour en avoir ouvert les premières paroles.

ÉRASTE. Oui, oui.

ORMIN. Si vous vouliez me prêter deux pistoles,
Que vous reprendriez sur le droit de l'avis,
Monsieur...

(Il donne deux louis à Ormin.) *(Seul.)*

ÉRASTE. Oui, volontiers. Plût à Dieu qu'à ce prix
• De tous les importuns je pusse me voir quitte !
Voyez quel contre-temps prend ici leur visite !
Je pense qu'à la fin je pourrai bien sortir.
Viendra-t-il point quelqu'un encor me divertir ?

SCÈNE IV.
FILINTE, ÉRASTE.

FILINTE. Marquis, je viens d'apprendre une étrange nouvelle.

ÉRASTE. Quoi ?

FILINTE. Qu'un homme tantôt t'a fait une querelle.

ÉRASTE. A moi ?

FILINTE. Que te sert-il de le dissimuler ?
Je sais de bonne part qu'on t'a fait appeler ;
Et, comme ton ami, quoi qu'il en réussisse,
Je te viens contre tous faire offre de service.

ÉRASTE. Je te suis obligé ; mais crois que tu me fais...

FILINTE. Tu ne l'avoueras pas, mais tu sors sans valets.
Demeure dans la ville, ou gagne la campagne,
Tu n'iras nulle part que je ne t'accompagne.

ÉRASTE *à part.* Ah ! j'enrage !

FILINTE. A quoi bon de te cacher de moi ?

ÉRASTE. Je te jure, marquis, qu'on s'est moqué de toi.

FILINTE. En vain tu t'en défends.

ÉRASTE. Que le ciel me foudroie,
Si d'aucun démêlé...

FILINTE. Tu penses qu'on te croie ?

ÉRASTE. Hé ! mon Dieu ! je te dis et ne déguise point
Que...

FILINTE. Ne me crois pas dupe et crédule à ce point.

ÉRASTE. Veux-tu m'obliger ?

FILINTE. Non.

ÉRASTE. Laisse-moi, je te prie.

FILINTE. Point d'affaire, marquis.

ÉRASTE. Une galanterie
En certain lieu, ce soir...

FILINTE. Je ne te quitte pas ;
En quel lieu que ce soit je veux suivre tes pas.

ÉRASTE. Parbleu, puisque tu veux que j'aie une querelle,
Je consens à l'avoir pour contenter ton zèle,
Ce sera contre toi, qui me fais enrager,
Et dont je ne me puis par douceur dégager.

FILINTE. C'est fort mal d'un ami recevoir le service.
Mais puisque je vous rends un si mauvais office,
Adieu. Videz sans moi tout ce que vous aurez.

ÉRASTE. Vous serez mon ami quand vous me quitterez.
(Seul.)
Mais voyez quels malheurs suivent ma destinée !
Ils m'auront fait passer l'heure qu'on m'a donnée.

SCÈNE V.
DAMIS, L'ÉPINE, ÉRASTE, LA RIVIÈRE *et ses compagnons.*

DAMIS *à part.* Quoi ! malgré moi le traître espère l'obtenir !
Ah ! mon juste courroux le saura prévenir.

ÉRASTE *à part.* J'entrevois là quelqu'un sur la porte d'Orphise !
Quoi ! toujours quelque obstacle aux feux qu'elle autorise !

DAMIS *à l'Épine.* Oui, j'ai su que ma nièce, en dépit de mes soins,
Doit voir ce soir chez elle Eraste sans témoins.

LA RIVIÈRE *à ses compagnons.*
Qu'entends-je à ces gens-là dire de notre maître ?
Approchons doucement sans nous faire connaître.

DAMIS *à l'Épine.* Mais avant qu'il ait lieu d'achever son dessein,
Il faut de mille coups percer son traître sein.
Va-t'en faire venir ceux que je viens de dire,
Pour les mettre en embûche aux lieux que je désire,
Afin qu'au nom d'Eraste on soit prêt à venger
Mon honneur que ses feux ont l'orgueil d'outrager,
A rompre un rendez-vous qui dans ce lieu l'appelle,
Et noyer dans son sang sa flamme criminelle.

LA RIVIÈRE *attaquant Damis, avec ses compagnons.*
Avant qu'à tes fureurs on puisse l'immoler,
Traître, tu trouveras en nous à qui parler.

ÉRASTE. Bien qu'il m'ait voulu perdre, un point d'honneur me presse
De secourir ici l'oncle de ma maîtresse.
(A Damis.)
Je suis à vous, monsieur.
*(Il met l'épée à la main contre la Rivière et ses compagnons, qu'il met
en fuite.)*

DAMIS. O ciel ! par quel secours
D'un trépas assuré vois-je sauver mes jours ?
A qui suis-je obligé d'un si rare service ?

ÉRASTE *revenant.* Je n'ai fait, vous servant, qu'un acte de justice.

DAMIS. Ciel ! puis-je à mon oreille ajouter quelque foi ?
Est-ce la main d'Eraste ?...

ÉRASTE. Oui, oui, monsieur, c'est moi.
Trop heureux que ma main vous ait tiré de peine,
Trop malheureux d'avoir mérité votre haine.

DAMIS. Quoi ! celui dont j'avais résolu le trépas
Est celui qui pour moi vient d'employer son bras !
Ah ! c'en est trop ; mon cœur est contraint de se rendre ;
Et, quoi que votre amour ce soir ait pu prétendre,
Ce trait si surprenant de générosité
Doit étouffer en moi toute animosité.
Je rougis de ma faute, et blâme mon caprice.
Ma haine trop longtemps vous a fait injustice ;
Et, pour la condamner par un éclat fameux,
Je vous joins dès ce soir à l'objet de vos vœux.

SCÈNE VI.
ORPHISE, DAMIS, ÉRASTE.

ORPHISE *sortant de chez elle avec un flambeau.*
Monsieur, quelle aventure a d'un trouble effroyable ?...

DAMIS. Ma nièce, elle n'a rien que de très-agréable,
Puisqu'après tant de vœux que j'ai blâmés en vous
C'est elle qui vous donne Eraste pour époux.
Son bras a repoussé le trépas que j'évite,
Et je reviens envers lui que votre main m'acquitte.

ORPHISE. Si c'est pour lui payer ce que vous lui devez,
J'y consens, devant tout aux jours qu'il a sauvés.

ÉRASTE. Mon cœur est si surpris d'une telle merveille,
Qu'en ce ravissement je doute si je veille.

DAMIS. Célébrons l'heureux sort dont vous allez jouir,
Et que nos violons viennent nous réjouir.
(On frappe à la porte de Damis.)

ÉRASTE. Qui frappe là si fort ?

SCÈNE VII.
DAMIS, ORPHISE, ÉRASTE, L'ÉPINE.

L'ÉPINE. Monsieur, ce sont des masques
Qui portent des crincrins et des tambours de basques.
(Les masques entrent, qui occupent toute la place.)

ÉRASTE. Quoi ! toujours des fâcheux ? Holà ! Suisses, ici,
Qu'on me fasse sortir ces gredins que voici.

BALLET DU TROISIÈME ACTE.

PREMIÈRE ENTRÉE.

*Des Suisses avec des hallebardes chassent tous les masques fâcheux,
et se retirent ensuite pour laisser danser.*

DEUXIÈME ENTRÉE.

Quatre bergers et une bergère ferment le divertissement.

FIN DES FÂCHEUX.

LA PRINCESSE D'ÉLIDE,

COMÉDIE-BALLET EN CINQ ACTES.

NOTICE.

Au printemps de 1664 Louis XIV donna à sa mère et à la reine Marie-Thérèse une fête splendide à Versailles. Cette fête, pendant laquelle il traita plus de six cents courtisans, dura depuis le 7 mai jusqu'au 14. Les détails qui nous en restent prouvent à la fois le mauvais goût et la magnificence de l'époque. On y vit, dans la première journée seulement, les héros de l'Arioste et au milieu d'eux le roi, représentant le chevalier Roger, armé *à la façon des Grecs*; puis le char d'Apollon, les douze Heures du jour, les douze signes du Zodiaque, les siècles d'or, d'argent, d'airain, et de fer. Après une course de bague, les quatre Saisons, représentées par les sieurs du Parc, Béjart, la Thorillière et par mademoiselle du Parc, vinrent danser une entrée de ballet avec les douze signes du Zodiaque; et une collation fut apportée par quarante-huit suivants, jardiniers, moissonneurs, vendangeurs et *vieillards gelés*. Les personnes qui servirent à table figuraient l'Abondance, la Joie, la Propreté, la Bonne Chère, les Plaisirs, les Jeux, les Ris et les Délices. Quand vint la nuit, les bosquets du parc furent éclairés par deux cents flambeaux de cire blanche que tenaient des masques, et des chandeliers vert et argent, portant chacun vingt-quatre bougies.

Durant la nuit du second jour, la *Princesse d'Elide* fut jouée sur un théâtre dressé sous les arbres. Molière, pressé par le temps, avait emprunté son sujet à une pièce de Moreto, *el Desdén con el Desdén*, Dédain pour Dédain. C'était de sa part une galanterie pour les deux reines Espagnoles de naissance.

La *Princesse d'Élide* parut le 9 octobre 1664 sur le théâtre du Palais-Royal.

En 1716 les directeurs privilégiés de l'Opéra demandaient des dommages-intérêts aux comédiens français qui avaient donné le *Malade imaginaire* le 12 janvier et la *Princesse d'Élide* le 4 mai en mêlant, dans les entr'actes, des danses et entrées de ballet, et en se servant d'un plus grand nombre de voix et d'instruments qu'il ne leur était permis.

Par arrêt du 20 juin 1716, Louis XV, par grâce et sans tirer à conséquence, déchargea les comédiens de la demande en dommages et intérêts, mais les condamna à cinq livres d'amende par chaque pièce au profit de l'Hôpital général.

ÉMILE DE LA BÉDOLLIÈRE.

PERSONNAGES DU PROLOGUE.

L'AURORE.
LYCISCAS, valet de chiens.

TROIS VALETS DE CHIENS chantants.
VALETS DE CHIENS dansants.

PERSONNAGES DE LA COMÉDIE.

IPHITAS, prince d'Elide, père de la princesse.
LA PRINCESSE D'ÉLIDE.
EURYALE, prince d'Ithaque.
ARISTOMÈNE, prince de Messène.
THÉOCLE, prince de Pyle.
AGLANTE, cousine de la princesse.

CYNTHIE, cousine de la princesse.
ARBATE, gouverneur du prince d'Ithaque.
PHILIS, suivante de la princesse.
MORON, plaisant de la princesse.
LYCAS, suivant d'Iphitas.

PERSONNAGES DES INTERMÈDES.

PREMIER INTERMÈDE.

MORON.
CHASSEURS dansants.

DEUXIÈME INTERMÈDE.

PHILIS.
MORON.
UN SATYRE chantant.
SATYRES dansants.

TROISIÈME INTERMÈDE.

PHILIS.

TIRCIS, berger chantant.
MORON.

QUATRIÈME INTERMÈDE.

LA PRINCESSE.
PHILIS.
CLIMÈNE.

CINQUIÈME INTERMÈDE.

BERGERS et BERGÈRES chantants.
BERGERS et BERGÈRES dansants.

La scène est en Élide.

PROLOGUE.

SCÈNE I.

L'AURORE, LYCISCAS ET PLUSIEURS AUTRES VALETS DE CHIENS ENDORMIS ET COUCHÉS SUR L'HERBE.

L'AURORE *chante.* Quand l'amour à vos yeux offre un choix agréable,
  Jeunes beautés, laissez-vous enflammer;
  Moquez-vous d'affecter cet orgueil indomptable
  Dont on vous dit qu'il est beau de s'armer :
    Dans l'âge où l'on est aimable
    Rien n'est si beau que d'aimer.

Soupirez librement pour un amant fidèle,
  Et bravez ceux qui voudraient vous blâmer.
Un cœur tendre est aimable, et le nom de cruelle
  N'est pas un nom à se faire estimer :
    Dans le temps où l'on est belle
    Rien n'est si beau que d'aimer.

SCÈNE II.

LYCISCAS ET PLUSIEURS VALETS DE CHIENS ENDORMIS, TROIS VALETS DE CHIENS CHANTANTS RÉVEILLÉS PAR LE RÉCIT DE L'AURORE.

TOUS TROIS ENSEMBLE *chantent.* Holà! holà! Debout, debout, debout.
    Pour la chasse ordonnée il faut préparer tout.
    Holà ho! debout, vite debout.
PREMIER. Jusqu'aux plus sombres lieux le jour se communique.
DEUXIÈME. L'air sur les fleurs en perles se résout.
TROISIÈME. Les rossignols commencent leur musique,
    Et leurs petits concerts retentissent partout.
TOUS TROIS ENSEMBLE. Sus, sus, debout, vite debout.
    (A Lyciscas endormi.)
    Qu'est-ce ci, Lyciscas? Quoi! tu ronfles encore,
    Toi, qui promettais tant de devancer l'aurore!
    Allons, debout, vite, debout.

Pour la chasse ordonnée il faut préparer tout.
Debout, vite debout; dépêchons, ho, debout.

LYCISCAS *en s'éveillant.* — Par la morbleu! vous êtes de grands braillards, vous autres; et vous avez la gueule ouverte de bon matin.

TOUS TROIS ENSEMBLE. Ne vois-tu pas le jour qui se répand partout?
Allons, debout; Lyciscas, debout.

LYCISCAS. — Hé! laissez-moi dormir encore un peu, je vous conjure.

TOUS TROIS ENSEMBLE. Non, non, debout; Lyciscas, debout.

LYCISCAS. — Je ne vous demande plus qu'un petit quart d'heure.

TOUS TROIS ENSEMBLE. Point, point, debout, vite debout.

LYCISCAS. — Hé! je vous prie.

TOUS TROIS ENSEMBLE. Debout.

LYCISCAS. — Un moment.

TOUS TROIS ENSEMBLE. Debout.

LYCISCAS. — De grâce!

TOUS TROIS ENSEMBLE. Debout.

LYCISCAS. — Hé!

TOUS TROIS ENSEMBLE. Debout,

Euryale. — Arbate.

LYCISCAS. — Je...

TOUS TROIS ENSEMBLE. Debout.

LYCISCAS. — J'aurai fait incontinent.

TOUS TROIS ENSEMBLE. Non, non, debout; Lyciscas, debout.
Pour la chasse ordonnée il faut préparer tout.
Vite debout, dépêchons, debout.

LYCISCAS. — Hé bien! laissez-moi, je vais me lever. Vous êtes d'étranges gens de me tourmenter comme cela! Vous serez cause que je ne me porterai pas bien de toute la journée : car, voyez-vous, le sommeil est nécessaire à l'homme; et lorsqu'on ne dort pas sa réfection, il arrive que... on n'est... (*Il se rendort.*)

PREMIER. Lyciscas.

DEUXIÈME. Lyciscas.

TROISIÈME. Lyciscas.

TOUS TROIS ENSEMBLE. Lyciscas.

LYCISCAS. — Diable soient les brailleurs! Je voudrais que vous eussiez la gueule pleine de bouillie bien chaude.

TOUS TROIS ENSEMBLE. Debout, debout.
Vite debout, dépêchons, debout,

Ah! quelle fatigue de ne pas dormir son soûl?

PREMIER. Holà! ho!

DEUXIÈME. Holà! ho!

TROISIÈME. Holà! ho!

TOUS TROIS ENSEMBLE. Ho! ho! ho!

LYCISCAS. — Ho! ho! La peste soit des gens avec leurs chiens de hurlements! je me donne au diable si je ne vous assomme. Mais voyez un peu quel diable d'enthousiasme il leur prend de me venir chanter aux oreilles comme cela. Je...

TOUS TROIS ENSEMBLE. Debout.

LYCISCAS. — Encore!

La Princesse.

TOUS TROIS ENSEMBLE. Debout.

LYCISCAS. — Le diable vous emporte!

PREMIER INTERMÈDE.

MORON. — Voilà un écho qui est bouffon.

TOUS TROIS ENSEMBLE. Debout.

LYCISCAS *en se levant.* — Quoi! toujours! A-t-on jamais vu une pareille furie de chanter! Par la sangbleu! j'enrage. Puisque me voilà éveillé, il faut que j'éveille les autres, et que je les tourmente comme on m'a fait. Allons, ho! messieurs, debout, debout, vite; c'est trop dormir. Je vais faire un bruit du diable partout. (*Il crie de toute sa force.*) Debout, debout, debout. Allons vite, ho, ho, ho, debout, de-

bout. Pour la chasse ordonnée il faut préparer tout. Debout, debout, Lyciscas, debout. Ho, ho, ho, ho, ho.

(*Plusieurs cors et trompes de chasse se font entendre; les valets de chiens que Lycidas a réveillés dansent une entrée.*)

ACTE PREMIER.

SCÈNE I.

EURYALE, ARBATE.

ARBATE. Ce silence rêveur dont la sombre habitude
Vous fait à tous moments chercher la solitude,
Ces longs soupirs que laisse échapper votre cœur,
Et ces fixes regards si chargés de langueur,
Disent beaucoup sans doute à des gens de mon âge;
Et je pense, seigneur, entendre ce langage :
Mais, sans votre congé, de peur de trop risquer,
Je n'ose m'enhardir jusques à l'expliquer.

EURYALE. Explique, explique, Arbate, avec toute licence
Ces soupirs, ces regards et ce morne silence.
Je te permets ici de dire que l'amour
M'a rangé sous ses lois et me brave à son tour;
Et je consens encor que tu me fasses honte
Des faiblesses d'un cœur qui souffre qu'on le dompte.

ARBATE. Moi, vous blâmer, seigneur, des tendres mouvements
Où je vois qu'aujourd'hui penchent vos sentiments!
Le chagrin des vieux jours ne peut aigrir mon âme
Contre les doux transports de l'amoureuse flamme;
Et, bien que mon sort touche à ses derniers soleils,
Je dirai que l'amour sied bien à vos pareils,
Que ce tribut qu'on rend aux traits d'un beau visage
De la beauté d'une âme est un clair témoignage,
Et qu'il est malaisé que, sans être amoureux,
Un jeune prince soit et grand et généreux.
C'est une qualité que j'aime en un monarque :
La tendresse du cœur est une grande marque
Que d'un prince à votre âge on peut tout présumer,
Dès qu'on voit que son âme est capable d'aimer.
Oui, cette passion, de toutes la plus belle,
Traîne dans un esprit cent vertus après elle;
Aux nobles actions elle pousse les cœurs,
Et tous les grands héros ont senti ses ardeurs.
Devant mes yeux, seigneur, a passé votre enfance,
Et j'ai de vos vertus vu fleurir l'espérance;
Mes regards observaient en vous des qualités
Où je reconnaissais le sang dont vous sortez;
J'y découvrais un fonds d'esprit et de lumière;
Je vous trouvais bien fait, l'air grand, et l'âme fière;
Votre cœur, votre adresse, éclataient chaque jour :
Mais je m'inquiétais de ne point voir d'amour.
Et, puisque les langueurs d'une plaie invincible
Nous montrent que votre âme à ses traits est sensible,
Je triomphe; et mon cœur, d'allégresse rempli,
Vous regarde à présent comme un prince accompli.

EURYALE. Si de l'amour un temps j'ai bravé la puissance,
Hélas! mon cher Arbate, il en prend bien vengeance;
Et, sachant dans quels maux mon cœur s'est abîmé,
Toi-même tu voudrais qu'il n'eût jamais aimé.
Car enfin, vois le sort où mon astre me guide,
J'aime, j'aime ardemment la princesse d'Élide;
Et tu sais quel orgueil, sous des traits si charmants,
Arme contre l'amour ses jeunes sentiments,
Et comment elle fuit en cette illustre fête
Cette foule d'amants qui briguent sa conquête.
Ah! qu'il est bien peu vrai que ce qu'on doit aimer,
Aussitôt qu'on le voit, prend droit de nous charmer,
Et qu'un premier coup d'œil allume en nous les flammes
Où le ciel en naissant a destiné nos âmes!
A mon retour d'Argos je passai dans ces lieux,
Et ce passage offrit la princesse à mes yeux;
Je vis tous ses appas dont elle est revêtue,
Mais de l'œil dont on voit une belle statue :
Leur brillante jeunesse observée à loisir
Ne porta dans mon âme aucun secret désir;
Et d'Ithaque en repos je revis le rivage,
Sans m'en être en deux ans rappelé nulle image.
Un bruit vient cependant à répandre à ma cour
Le célèbre mépris qu'elle fait de l'amour,
On publie en tous lieux que son âme hautaine
Garde pour l'hyménée une invincible haine,

Et qu'un arc à la main, sur l'épaule un carquois,
Comme une autre Diane elle hante les bois,
N'aime rien que la chasse, et de toute la Grèce
Fait soupirer en vain l'héroïque jeunesse.
Admire nos esprits et la fatalité!
Ce que n'avaient point fait sa vue et sa beauté,
Le bruit de ses fiertés en mon âme fit naître
Un transport inconnu dont je ne fus point maître :
Ce dédain si fameux eut des charmes secrets
A me faire avec soin rappeler tous ses traits;
Et mon esprit, jetant de nouveaux yeux sur elle,
M'en refit une image et si noble et si belle,
Me peignit tant de gloire et de telles douceurs
A pouvoir triompher de toutes ses froideurs,
Que mon cœur, aux brillants d'une telle victoire,
Vit de sa liberté s'évanouir la gloire :
Contre une telle amorce il eut beau s'indigner,
Sa douceur sur mes sens prit tel droit de régner,
Qu'entraîné par l'effort d'une occulte puissance
J'ai d'Ithaque en ces lieux fait voile en diligence;
Et je couvre un effet de mes vœux enflammés
Du désir de paraître à ces jeux renommés
Où l'illustre Iphitas, père de la princesse,
Assemble la plupart des princes de la Grèce.

ARBATE. Mais à quoi bon, seigneur, les soins que vous prenez?
Et pourquoi ce secret où vous vous obstinez?
Vous aimez, dites-vous, cette illustre princesse,
Et venez à ses yeux signaler votre adresse;
Et nuls empressements, paroles ni soupirs,
Ne l'ont instruite encor de vos brûlants désirs!
Pour moi, je n'entends rien à cette politique
Qui ne veut point souffrir que votre cœur s'explique.
Et je ne sais quel fruit peut prétendre un amour
Qui fuit tous les moyens de se produire au jour.

EURYALE. Et que ferai-je, Arbate, en déclarant ma peine,
Qu'attirer les dédains de cette âme hautaine,
Et me jeter au rang de ces princes soumis
Que le titre d'amants lui peint en ennemis?
Tu vois les souverains de Messène et de Pyle
Lui faire de leurs cœurs un hommage inutile,
Et de l'éclat pompeux des plus hautes vertus
En appuyer en vain les respects assidus :
Ce rebut de leurs soins sous un triste silence
Retient de mon amour toute la violence,
Je me tiens condamné dans ces rivaux fameux,
Et je lis mon arrêt au mépris qu'on fait d'eux.

ARBATE. Et c'est dans ce mépris et dans cette humeur fière
Que votre âme à ses vœux doit voir plus de lumière,
Puisque le sort vous donne à conquérir un cœur
Que défend seulement une simple froideur,
Et qui n'oppose point à l'ardeur qui vous presse
De quelque attachement l'invincible tendresse.
Un cœur préoccupé résiste puissamment :
Mais quand une âme est libre, on la force aisément;
Et toute la fierté de son indifférence
N'a rien dont ne triomphe un peu de patience.
Ne lui cachez donc plus le pouvoir de ses yeux,
Faites de votre flamme un éclat glorieux,
Et, bien loin de trembler de l'exemple des autres,
Du rebut de leurs vœux enflez l'espoir des vôtres,
Peut-être, pour toucher ses sévères appas,
Aurez-vous des secrets que ces princes n'ont pas;
Et, si de ses fiertés l'impérieux caprice
Ne vous fait éprouver un destin plus propice,
Au moins est-ce un bonheur, entre les extrémités,
Que de voir avec soi ses rivaux rebutés.

EURYALE. J'aime à voir presser cet aveu de ma flamme;
Combattant mes raisons, tu chatouilles mon âme;
Et par ce que j'ai dit je voulais pressentir
Si de ce que j'ai fait tu pourrais m'applaudir.
Car enfin, puisqu'il faut t'en faire confidence,
On doit à la princesse expliquer mon silence;
Et peut-être, au moment où je t'en parle ici,
Le secret de mon cœur, Arbate, est éclairci.
Cette chasse où, pour fuir la foule qui l'adore,
Tu sais qu'elle est allée au lever de l'aurore,

Est le temps que Moron, pour déclarer mon feu,
A pris.

ARBATE.
Moron, seigneur !

EURYALE.
Ce choix t'étonne un peu.
Par son titre de fou tu crois le bien connaître :
Mais sache qu'il l'est moins qu'il ne le veut paraître,
Et que, malgré l'emploi qu'il exerce aujourd'hui,
Il a plus de bon sens que tel qui rit de lui.
La princesse se plaît à ses bouffonneries :
Il s'en est fait aimer par cent plaisanteries,
Et peut, dans cet accès, dire et persuader
Ce que d'autres que lui n'oseraient hasarder.
Je le vois propre enfin à ce que j'en souhaite ;
Il a pour moi, dit-il, une amitié parfaite,
Et veut, dans mes États ayant reçu le jour,
Contre tous mes rivaux appuyer mon amour.
Quelque argent mis en main pour soutenir ce zèle...

SCÈNE II.

EURYALE, ARBATE, MORON.

MORON *derrière le théâtre.* Au sesours ! Sauvez-moi de la bête cruelle !
EURYALE. Je pense ouïr sa voix.
MORON *derrière le théâtre.* A moi, de grâce, à moi !
EURYALE. C'est lui-même. Où court-il avec un tel effroi ?
MORON *entrant sans voir personne.*
Où pourrai-je éviter ce sanglier redoutable ?
Grands dieux, préservez-moi de sa dent effroyable !
Je vous promets pourvu qu'il ne m'attrape pas,
Quatre livres d'encens et deux veaux des plus gras.
(Rencontrant Euryale, que dans sa frayeur il prend pour le sanglier qu'il évite.)
Ah ! je suis mort.
EURYALE.
Qu'as-tu ?
MORON.
Je vous croyais la bête
Dont à me diffamer j'ai vu la gueule prête,
Seigneur ; et je ne puis revenir de ma peur.
EURYALE. Qu'est-ce ?
MORON.
Oh ! que la princesse est d'une étrange humeur,
Et qu'à suivre la chasse et ses extravagances
Il nous faut essuyer de sottes complaisances !
Quel diable de plaisir trouvent tous les chasseurs
De se voir exposés à mille et mille peurs ?
Encore si c'était qu'on ne fût qu'à la chasse
Des lièvres, des lapins, et des jeunes daims ; passe :
Ce sont des animaux d'un naturel fort doux,
Et qui prennent toujours la fuite devant nous.
Mais d'aller attaquer de ces bêtes vilaines
Qui n'ont aucun respect pour les faces humaines,
Et qui courent les gens qui les veulent courir,
C'est un sot passe-temps que je ne puis souffrir.
EURYALE. Dis-nous donc ce que c'est.
MORON.
Le pénible exercice
Où de notre princesse a volé le caprice !
J'en aurais bien juré qu'elle aurait fait le tour ;
Et, la course des chars se faisant en ce jour,
Il fallait affecter ce contre-temps de chasse
Pour mépriser ces jeux avec meilleure grâce,
Et faire voir... Mais chut ! Achevons mon récit,
Et reprenons le fil de ce que j'avais dit.
Qu'ai-je dit ?
EURYALE.
Tu parlais d'exercice pénible.
MORON. Ah ! oui. Succombant donc à ce travail horrible,
Car en chasseur fameux j'étais enharnaché,
Et dès le point du jour je m'étais découché,
Je me suis écarté de tous en galant homme ;
Et, trouvant un lieu propre à dormir d'un bon somme,
J'essayais ma posture, et, m'ajustant bientôt,
Prenais déjà mon ton pour ronfler comme il faut,
Lorsqu'un murmure affreux m'a fait lever la vue ;
Et j'ai, d'un vieux buisson de la forêt touffue,
Vu sortir un sanglier d'une énorme grandeur
Pour...
EURYALE.
Qu'est-ce ?
MORON.
Ce n'est rien. N'ayez point de frayeur :
Mais laissez-moi passer entre vous deux, pour cause ;
Je serai mieux en main pour vous conter la chose.
J'ai donc vu ce sanglier qui, par nos gens chassé,
Avait, d'un air affreux, tout son poil hérissé ;
Ses deux yeux flamboyants me lançaient une menace,
Et sa gueule faisait une laide grimace,
Qui, parmi de l'écume, à qui l'osait presser
Montrait de certains crocs... je vous laisse à penser.
A ce terrible aspect, j'ai ramassé mes armes ;
Mais le faux animal, sans en prendre d'alarmes,

Est venu droit à moi qui ne lui disais mot.
ARBATE. Et tu l'as de pied ferme attendu ?
MORON.
Quelque sot...
J'ai jeté tout par terre, et couru comme quatre.
ARBATE. Fuir devant un sanglier, ayant de quoi l'abattre !
Ce trait, Moron, n'est pas généreux.
MORON.
J'y consens ;
Il n'est pas généreux, mais il est de bon sens.
ARBATE. Mais par quelques exploits si l'on ne s'éternise...
MORON. Je suis votre valet. J'aime mieux que l'on dise,
C'est ici qu'en fuyant sans se faire prier
Moron sauva ses jours des fureurs d'un sanglier,
Que si l'on y disait : Voilà l'illustre place
Où le brave Moron, d'une héroïque audace,
Affrontant d'un sanglier l'impétueux effort,
Par un coup de ses dents vit terminer son sort.
EURYALE. Fort bien.
MORON. Oui, j'aime mieux, n'en déplaise à la gloire,
Vivre au monde deux jours que mille ans dans l'histoire.
EURYALE. En effet, ton trépas fâcherait tes amis.
Mais, si de ta frayeur ton esprit est remis,
Puis-je te demander si du feu qui me brûle...?
MORON. Il ne faut pas, seigneur, que je vous dissimule ;
Je n'ai rien fait encore, et n'ai point rencontré
De temps pour lui parler qui fût selon mon gré.
L'office de bouffon a des prérogatives ;
Mais souvent on rabat nos libres tentatives.
Le discours de vos feux est un peu délicat,
Et c'est chez la princesse une affaire d'État.
Vous savez de quel titre elle se glorifie,
Et qu'elle a dans la tête une philosophie
Qui déclare la guerre au conjugal lien,
Et vous traite l'amour de déité de rien.
Pour n'effaroucher point son humeur de tigresse,
Il me faut manier la chose avec adresse ;
Car on doit regarder comme l'on parle aux grands,
Et vous êtes parfois d'assez fâcheuses gens.
Laissez-moi doucement conduire cette trame.
Je me sens là pour vous un zèle tout de flamme ;
Vous êtes né mon prince, et quelques autres nœuds
Pourraient contribuer au bien que je vous veux :
Ma mère dans son temps passait pour assez belle,
Et naturellement n'était pas fort cruelle ;
Feu votre père alors, ce prince généreux,
Sur la galanterie était fort dangereux ;
Et je sais qu'Elpénor, qu'on appelait mon père
A cause qu'il était le mari de ma mère,
Contait pour grand honneur aux pasteurs d'aujourd'hui
Que le prince autrefois était venu chez lui,
Et que, durant ce temps, il avait l'avantage
De se voir salué de tous ceux du village.
Baste. Quoi qu'il en soit, je veux par mes travaux...
Mais voici la princesse et deux de nos rivaux.

SCÈNE III.

LA PRINCESSE, AGLANTE, CYNTHIE, ARISTOMÈNE, THÉOCLE, EURYALE, PHILIS, ARBATE, MORON.

ARISTOMÈNE. Reprochez-vous, madame, à nos justes alarmes
Ce péril dont tous deux avons sauvé vos charmes ?
J'aurais pensé, pour moi, qu'abattre sous nos coups
Ce sanglier qui portait sa fureur jusqu'à vous
Etait une aventure, ignorant votre chasse,
Dont à nos bons destins nous dussions rendre grâce ;
Mais à cette froideur je connais clairement
Que je dois concevoir un autre sentiment,
Et quereller du sort la fatale puissance
Qui me fait avoir part à ce qui vous offense.
THÉOCLE. Pour moi, je tiens, madame, à sensible bonheur
L'action où pour vous a volé tout mon cœur,
Et ne puis consentir, malgré votre murmure,
A quereller le sort d'une telle aventure.
D'un objet odieux je sais que tout déplaît ;
Mais, dût votre courroux être plus grand qu'il n'est,
C'est extrême plaisir, quand l'amour est extrême,
De pouvoir d'un péril affranchir ce qu'on aime.
LA PRINCESSE. Et pensez-vous, seigneur, puisqu'il me faut parler,
Qu'il eût eu, ce péril, de quoi tant m'ébranler ?
Que l'arc et que le dard, pour moi si pleins de charmes,
Ne soient entre mes mains que d'inutiles armes,
Et que je fasse enfin mes plus fréquents emplois
De parcourir nos monts, nos plaines et nos bois,
Pour n'oser en chassant concevoir l'espérance
De suffire moi seule à ma propre défense ?
Certes, avec le temps, j'aurais bien profité

De ces soins assidus dont je fais vanité,
S'il fallait que mon bras, dans une telle quête,
Ne pût pas triompher d'une chétive bête !
Du moins si, pour prétendre à de sensibles coups,
Le commun de mon sexe est trop mal avec vous,
D'un étage plus haut accordez-moi la gloire,
Et me faites tous deux cette grâce de croire,
Seigneurs, que, quel que fût le sanglier d'aujourd'hui,
J'en ai mis bas, sans vous, de plus méchants que lui.

THÉOCLE. Mais, madame...
LA PRINCESSE.   Hé bien ! soit. Je vois que votre envie
Est de persuader que je vous dois la vie ;
J'y consens. Oui, sans vous c'était fait de mes jours.
Je rends de tout mon cœur grâce à ce grand secours,
Et je vais de ce pas au prince pour lui dire
Les bontés que pour moi votre amour vous inspire.

SCÈNE IV.

EURYALE, ARBATE, MORON.

MORON. Eh ! a-t-on jamais vu de plus farouche esprit ?
De ce vilain sanglier l'heureux trépas l'aigrit.
Oh ! comme volontiers j'aurais d'un beau salaire
Récompensé tantôt qui m'en eût su défaire !
ARBATE à *Euryale*. Je vous vois tout pensif, seigneur, de ses dédains ;
Mais ils n'ont rien qui doive empêcher vos desseins.
Son heure doit venir ; et c'est à vous, possible,
Qu'est réservé l'honneur de la rendre sensible.
MORON. Il faut qu'avant la course elle apprenne vos feux ;
Et je...
EURYALE.   Non. Ce n'est plus, Moron, ce que je veux ;
Garde-toi de rien dire, et me laisse un peu faire :
J'ai résolu de prendre un chemin tout contraire.
Je vois trop que son cœur s'obstine à dédaigner
Tous ces profonds respects qui pensent la gagner ;
Et le dieu qui m'engage à soupirer pour elle
M'inspire pour la vaincre une adresse nouvelle.
Oui, c'est lui d'où me vient ce soudain mouvement ;
Et j'en attends de lui l'heureux événement.
ARBATE. Peut-on savoir, seigneur, par où votre espérance...
EURYALE. Tu le vas voir. Allons, et garde le silence.
MORON. Jusqu'au revoir.

PREMIER INTERMÈDE.

SCÈNE I.

MORON.

Pour moi, je reste ici, et j'ai une petite conversation à faire avec
ces arbres et ces rochers.
Bois, prés, fontaines, fleurs, qui voyez mon teint blême,
Si vous ne le savez, je vous apprends que j'aime.
Philis est l'objet charmant
Qui tient mon cœur à l'attache ;
Et je devins son amant
La voyant traire une vache.
Ses doigts, tout pleins de lait, et plus blancs mille fois,
Pressaient les bouts du pis d'une grâce admirable.
Ouf ! cette idée est capable
De me réduire aux abois.
Ah ! Philis ! Philis ! Philis !

SCÈNE II.

MORON, UN ÉCHO.

L'ÉCHO. — Philis !
MORON. — Ah !
L'ÉCHO. — Ah !
MORON. — Hem.
L'ÉCHO. — Hem.
MORON. — Ha, ha.
L'ÉCHO. — Ha.
MORON. — Hi, hi.
L'ÉCHO. — Hi.
MORON. — Oh.
L'ÉCHO. — Oh.
MORON. — Oh.
L'ÉCHO. — Oh.
MORON. — Voilà un écho qui est bouffon.
L'ÉCHO. — Hon.
MORON. — Hon.
L'ÉCHO. — Hon.

MORON. — Ha.
L'ÉCHO. — Ha
MORON. — Hu.
L'ÉCHO. — Hu.
MORON. — Voilà un écho qui est bouffon.

SCÈNE III.

MORON *apercevant un ours qui vient à lui.*

Ah ! monsieur l'ours, je suis votre serviteur de tout mon cœur. De
grâce, épargnez-moi ; je vous assure que je ne vaux rien du tout à
manger, je n'ai que la peau et les os, et je vois de certaines gens là-
bas qui seraient bien mieux votre affaire. Hé, hé, hé, monseigneur,
tout doux, s'il vous plaît. (*Il caresse l'ours et tremble de frayeur.*) La,
la, la, la. Ah ! monseigneur, que Votre Altesse est jolie et bien
faite ! Elle a tout à fait l'air galant et la taille la plus mignonne du
monde. Hé ! beau poil ! belle tête ! beaux yeux brillants et bien fen-
dus ! Ah ! beau petit nez ! belle petite bouche ! petites quenottes jolies !
Ah ! belle gorge ! belles petites menottes ! petits ongles bien faits !
(*L'ours se lève sur ses pattes de derrière.*) A l'aide ! au secours ! je suis
mort ! Miséricorde ! Pauvre Moron ! Ah ! mon Dieu ! Hé ! vite ! à moi !
je suis perdu ! (*Moron monte sur un arbre.*)

SCÈNE IV.

MORON, CHASSEURS.

MORON, *monté sur un arbre, aux chasseurs.* — Hé ! messieurs, ayez
pitié de moi. (*Les chasseurs combattent l'ours.*) Bon, messieurs ! tuez-
moi ce vilain animal-là. O ciel, daigne les assister ! Bon ! le voilà qui
fuit. Le voilà qui s'arrête et qui se jette sur eux. Bon ! en voilà un
qui vient de lui donner un coup dans la gueule. Les voilà tous à l'entour de lui. Courage, ferme, allons, mes amis ! Bon ! poussez fort !
Encore ! Ah ! le voilà qui est à terre ; c'en est fait, il est mort. Des-
cendons maintenant pour lui donner cent coups. (*Moron descend de
l'arbre.*) Serviteur, messieurs ; je vous rends grâce de m'avoir délivré
de cette bête. Maintenant que vous l'avez tuée, je m'en vais l'achever,
et en triompher avec vous. (*Moron donne mille coups à l'ours qui est
mort.*)

ENTRÉE DE BALLET.

*Les chasseurs dansent pour témoigner leur joie d'avoir remporté la
victoire.*

ACTE DEUXIÈME.

SCÈNE I.

LA PRINCESSE, AGLANTE, CYNTHIE, PHILIS.

LA PRINCESSE. Oui, j'aime à demeurer dans ces paisibles lieux ;
On n'y découvre rien qui n'enchante les yeux,
Et de tous nos palais la savante structure
Cède aux simples beautés qu'y forme la nature.
Ces arbres, ces rochers, cette eau, ces gazons frais,
Ont pour moi des appas à ne lasser jamais.
AGLANTE. Je chéris, comme vous, ces retraites tranquilles
Où l'on se vient sauver de l'embarras des villes :
De mille objets charmants ces lieux sont embellis ;
Et ce qui doit surprendre est qu'aux portes d'Élis
La douce passion de fuir la multitude
Rencontre une si belle et vaste solitude.
Mais, à vous dire vrai, dans ces jours éclatants,
Vos retraites ici me semblent hors de temps ;
Et c'est fort mal traiter l'appareil magnifique
Que chaque prince a fait pour la fête publique.
Ce spectacle pompeux de la course des chars
Devrait bien mériter l'honneur de vos regards.
LA PRINCESSE. Quel droit ont-ils chacun d'y vouloir ma présence ?
Et que dois-je, après tout, à leur magnificence ?
Ce sont soins que produit l'ardeur de m'acquérir,
Et mon cœur est le prix qu'ils veulent tous courir.
Mais, quelque espoir qui flatte un projet de la sorte,
Je me tromperai fort, si pas un d'eux l'emporte.
CYNTHIE. Jusques à quand ce cœur veut-il s'effaroucher
Des innocents desseins qu'on a de le toucher,
Et regarder les soins que pour vous on se donne
Comme autant d'attentats contre votre personne ?
Je sais qu'en défendant le parti de l'amour
On s'expose chez vous à faire mal sa cour :
Mais ce que par le sang j'ai l'honneur de vous être
S'oppose aux duretés que vous faites paraître ;
Et je ne puis nourrir d'un flatteur entretien
Vos résolutions de n'aimer jamais rien.

Est-il rien de plus beau que l'innocente flamme
Qu'un mérite éclatant allume dans une âme?
Et serait-ce un bonheur de respirer le jour,
Si d'entre les mortels on bannissait l'amour?
Non, non, tous les plaisirs se goûtent à le suivre;
Et vivre sans aimer n'est pas proprement vivre.

AVIS.

Le dessein de l'auteur était de traiter toute la comédie en vers; mais un commandement du roi, qui pressa cette affaire, l'obligea d'achever le reste en prose, et de passer légèrement sur plusieurs scènes qu'il aurait étendues davantage s'il avait eu plus de loisir.

AGLANTE. — Pour moi, je tiens que cette passion est la plus agréable affaire de la vie; qu'il est nécessaire d'aimer pour vivre heureusement; et que tous les plaisirs sont fades, s'il ne s'y mêle un peu d'amour.

LA PRINCESSE. — Pouvez-vous bien, toutes deux, étant ce que vous êtes, prononcer ces paroles? et ne devez-vous pas rougir d'appuyer une passion qui n'est qu'erreur, que faiblesse et qu'emportement, et dont tous les désordres ont tant de répugnance avec la gloire de notre sexe? J'en prétends soutenir l'honneur jusqu'au dernier moment de ma vie, et ne veux point du tout me commettre à ces gens qui font les esclaves auprès de nous pour devenir un jour nos tyrans. Toutes ces larmes, tous ces soupirs, tous ces hommages, tous ces respects sont des embûches qu'on tend à notre cœur et qui souvent l'engagent à commettre des lâchetés. Pour moi, quand je regarde certains exemples et les bassesses épouvantables où cette passion ravale les personnes sur qui elle étend sa puissance, je sens tout mon cœur qui s'émeut, et je ne puis souffrir qu'une âme qui fait profession d'un peu de fierté ne trouve pas une honte horrible à de telles faiblesses.

CYNTHIE. — Hé! madame, il est de certaines faiblesses qui ne sont point honteuses et qui ont même d'avoir dans les plus hauts degrés de gloire. J'espère que vous changerez un jour de pensée; et, s'il plaît au ciel, nous verrons votre cœur avant qu'il soit peu...

LA PRINCESSE. — Arrêtez, n'achevez pas une douleur étrange: j'ai une horreur trop invincible pour ces sortes d'abaissements; et, si jamais j'étais capable d'y descendre, je serais personne, sans doute, à ne me le point pardonner.

AGLANTE. — Prenez garde, madame, l'Amour sait se venger des mépris que l'on fait de lui; peut-être...

LA PRINCESSE. — Non, non; je brave tous ses traits; et le grand pouvoir qu'on lui donne n'est rien qu'une chimère et qu'une excuse des faibles cœurs qui le font invincible pour autoriser leur faiblesse.

CYNTHIE. — Mais enfin toute la terre reconnaît sa puissance, et vous voyez que les dieux mêmes sont assujettis à son empire. On nous fait voir que Jupiter n'a pas aimé pour une fois, et que Diane même, dont vous affectez tant l'exemple, n'a pas rougi de pousser des soupirs d'amour.

LA PRINCESSE. — Les croyances publiques sont toujours mêlées d'erreur. Les dieux ne sont point faits comme se les fait le vulgaire; et c'est leur manquer de respect que de leur attribuer les faiblesses des hommes.

SCÈNE II.
LA PRINCESSE, AGLANTE, CYNTHIE, PHILIS, MORON.

AGLANTE. — Viens, approche, Moron, viens nous aider à défendre l'amour contre les sentiments de la princesse.

LA PRINCESSE. — Voilà votre parti fortifié d'un grand défenseur!

MORON. — Ma foi, madame, je crois qu'après mon exemple il n'y a plus rien à dire, et qu'il ne faut plus mettre en doute le pouvoir de l'amour. J'ai bravé ses armes assez longtemps et fait de mon drôle comme un autre: mais enfin ma fierté a baissé l'oreille, et vous avez une traîtresse (il montre Philis) qui m'a rendu plus doux qu'un agneau. Après cela on ne doit plus faire aucun scrupule d'aimer; et puisque j'ai bien passé par là, il peut bien y en passer d'autres.

CYNTHIE. — Quoi! Moron se mêle d'aimer!

MORON. — Fort bien.

CYNTHIE. — Et de vouloir être aimé!

MORON. — Et pourquoi non? Est-ce qu'on n'est pas assez bien fait pour cela? Je pense que ce visage est assez passable, et que, pour le bel air, Dieu merci, nous ne le cédons à personne.

CYNTHIE. — Sans doute, on aurait tort...

SCÈNE III.
LA PRINCESSE, AGLANTE, CYNTHIE, PHILIS, MORON, LYCAS.

LYCAS. — Madame, le prince votre père vient vous trouver ici, et conduit avec lui les princes de Pyle et d'Ithaque et celui de Messène.

LA PRINCESSE. — O ciel! que prétend-il faire en me les amenant?

Aurait-il résolu ma perte, et voudrait-il bien me forcer au choix de quelqu'un d'eux?

SCÈNE IV.
IPHITAS, EURYALE, ARISTOMÈNE, THÉOCLE, LA PRINCESSE, AGLANTE, CYNTHIE, PHILIS, MORON.

LA PRINCESSE à Iphitas. — Seigneur, je vous demande la licence de prévenir par deux paroles la déclaration des pensées que vous pouvez avoir. Il y a deux vérités, seigneur, aussi constantes l'une que l'autre et dont je puis vous assurer également: l'une, que vous avez un absolu pouvoir sur moi, et que vous ne sauriez m'ordonner rien où je ne réponde aussitôt par une obéissance aveugle; l'autre, que je regarde l'hyménée ainsi que le trépas, et qu'il m'est impossible de forcer cette aversion naturelle. Me donner un mari et me donner la mort, c'est une même chose; mais votre volonté va la première, et mon obéissance m'est bien plus chère que ma vie. Après cela, parlez, seigneur, prononcez librement que vous voulez que vous voulez.

IPHITAS. — Ma fille, tu as tort de prendre de telles alarmes; et je me plains de toi, qui peux mettre dans ta pensée que je sois assez mauvais père pour vouloir faire violence à tes sentiments et me servir tyranniquement de la puissance que le ciel me donne sur toi. Je souhaite, à la vérité, que ton cœur puisse aimer quelqu'un. Tous mes vœux seraient satisfaits si cela pouvait arriver; et je n'ai proposé les fêtes et les jeux que je fais célébrer ici qu'afin d'y pouvoir attirer tout ce que la Grèce a d'illustre, et que parmi cette noble jeunesse tu puisses enfin rencontrer où arrêter tes yeux et déterminer tes pensées. Je ne demande, dis-je, au ciel autre bonheur que celui de te voir un époux. J'ai, pour obtenir cette grâce, fait encore ce matin un sacrifice à Vénus; et, si je sais bien expliquer le langage des dieux, elle m'a promis un miracle. Mais, quoi qu'il en soit, je veux en user avec toi en père qui chérit sa fille. Si tu trouves où attacher tes vœux, ton choix sera le mien, et je ne considérerai ni intérêt d'État ni avantages d'alliance; si ton cœur demeure insensible, je n'entreprendrai point de le forcer: mais au moins sois complaisante aux civilités qu'on te rend, et ne m'oblige point à faire les excuses de ta froideur; traite ces princes avec l'estime que tu leur dois, reçois avec reconnaissance les témoignages de leur zèle, et viens voir cette course où leur adresse va paraître.

THÉOCLE à la princesse. — Tout le monde va faire des efforts pour remporter le prix de cette course; mais, à vous dire vrai, j'ai peu d'ardeur pour la victoire, puisque ce n'est pas votre cœur qu'on y doit disputer.

ARISTOMÈNE. — Pour moi, madame, vous êtes le seul prix que je me propose partout. C'est vous que je crois disputer dans ces combats d'adresse; et je n'aspire maintenant à remporter l'honneur de cette course que pour obtenir un degré de gloire qui m'approche de votre cœur.

EURYALE. — Pour moi, madame, je n'y vais point du tout avec cette pensée. Comme j'ai fait toute ma vie profession de ne rien aimer, tous les soins que je prends ne vont point où tendent les autres. Je n'ai aucune prétention sur votre cœur, et le seul honneur de la course est tout l'avantage où j'aspire.

SCÈNE V.
LA PRINCESSE, AGLANTE, CYNTHIE, PHILIS, MORON.

LA PRINCESSE. — D'où sort cette fierté où l'on ne s'attendait point? Princesses, que dites-vous de ce jeune prince? Avez-vous remarqué de quel ton il l'a pris?

AGLANTE. — Il est vrai que cela est un peu fier.

MORON à part. — Ah! quelle brave botte il vient là de lui porter!

LA PRINCESSE. — Ne trouvez-vous pas qu'il y aurait plaisir d'abaisser son orgueil et de soumettre un peu ce cœur qui tranche tant du brave?

CYNTHIE. — Comme vous êtes accoutumée à ne jamais recevoir que des hommages et des adorations de tout le monde, un compliment pareil au sien doit vous surprendre à la vérité.

LA PRINCESSE. — Je vous avoue que cela m'a donné de l'émotion et que je souhaiterais fort de trouver les moyens de châtier cette hauteur. Je n'avais pas beaucoup d'envie de me trouver à cette course, mais j'y veux aller exprès et employer toute chose pour lui donner de l'amour.

CYNTHIE. — Prenez garde, madame, l'entreprise est périlleuse; et lorsqu'on veut donner de l'amour, on court risque d'en recevoir.

LA PRINCESSE. — Ah! n'appréhendez rien, je vous prie. Allons, je vous réponds de moi.

DEUXIÈME INTERMÈDE.

SCÈNE I.
PHILIS, MORON.

MORON. — Philis, demeure ici.

PHILIS. — Non, laisse-moi suivre les autres.

MORON. — Ah! cruelle, si c'était Tircis qui t'en priât, tu demeurerais bien vite.

PHILIS. — Cela se pourrait faire; et je demeure d'accord que je trouve bien mieux mon compte avec l'un qu'avec l'autre; car il me divertit avec sa voix; et toi, tu m'étourdis de ton caquet. Lorsque tu chanteras aussi bien que lui, je te promets de t'écouter.

MORON. — Hé! demeure un peu.

PHILIS. — Je ne saurais.

MORON. — De grâce.

PHILIS. — Point, te dis-je.

MORON *retenant Philis.* — Je ne te laisserai point aller...

PHILIS. — Ah! que de façons!

MORON. — Je ne demande qu'un moment à être avec toi.

PHILIS. — Hé bien! oui, j'y demeurerai, pourvu que tu me promettes une chose.

MORON. — Et quelle?

PHILIS. — De ne me parler point du tout.

MORON. — Hé! Philis!

PHILIS. — A moins que de cela, je ne demeurerai point avec toi.

MORON. — Veux-tu me?...

PHILIS. — Laisse-moi aller.

MORON. — Hé bien! oui, demeure : je ne te dirai mot.

PHILIS. — Prends-y bien garde au moins; car, à la moindre parole, je prends la fuite.

MORON. — Soit. (*Après avoir fait une scène de gestes.*) Ah! Philis!... Hé!...

SCÈNE II.
MORON *seul.*

Elle s'enfuit, et je ne saurais l'attraper. Voilà ce que c'est: si je savais chanter, j'en ferais bien mieux mes affaires. La plupart des femmes aujourd'hui se laissent prendre par les oreilles; elles sont cause que tout le monde se mêle de musique, et l'on ne réussit auprès d'elles que par les petites chansons et les petits vers qu'on leur fait entendre. Il faut que j'apprenne à chanter pour faire comme les autres. Bon! voici justement mon homme.

SCÈNE III.
UN SATYRE, MORON.

LE SATYRE *chante.* — La, la, la.

MORON. — Ah! satyre mon ami, tu sais bien ce que tu m'as promis il y a longtemps: apprends-moi à chanter, je te prie.

LE SATYRE *en chantant.* — Je le veux. Mais auparavant écoute une chanson que je viens de faire.

MORON *bas à part.* — Il est si accoutumé à chanter, qu'il ne saurait parler d'une autre façon. (*Haut.*) Allons, chante, j'écoute.

LE SATYRE *chante.* Je portais...

MORON. — Une chanson, dis-tu?

LE SATYRE. Je port...

MORON. — Une chanson à chanter?

LE SATYRE. Je port...

MORON. — Chanson amoureuse? Peste!

LE SATYRE.   Je portais dans une cage
          Deux moineaux que j'avais pris,
          Lorsque la jeune Chloris
          Fit, dans un sombre bocage,
          Briller à mes yeux surpris
          Les fleurs de son beau visage.
       Hélas! dis-je aux moineaux en recevant les coups
       De ces yeux si savants à faire des conquêtes,
          Consolez-vous, pauvres petites bêtes,
       Celui qui vous a pris est bien plus pris que vous.

MORON *demande au satyre une chanson plus passionnée, et le prie de lui dire celle qu'il lui avait ouï chanter quelques jours auparavant.*

LE SATYRE *chante.* Dans vos chants six doux
          Chantez à ma belle,
          Oiseaux, chantez tous
          Ma peine mortelle;
          Mais si la cruelle
          Se met en courroux
          Au récit fidèle
          Des maux que je sens pour elle,
          Oiseaux, taisez-vous.

MORON. — Ah! qu'elle est belle! Apprends-la moi.

LE SATYRE. — La, la, la, la.

MORON. — La, la, la, la.

LE SATYRE. — Fa, fa, fa, fa.

MORON. — Fat toi-même.

ENTRÉE DE BALLET.

Le satyre en colère menace Moron, et plusieurs satyres dansent une entrée plaisante.

ACTE TROISIÈME.

SCÈNE I.
LA PRINCESSE, AGLANTE, CYNTHIE, PHILIS.

CYNTHIE. — Il est vrai, madame, que ce jeune prince a fait voir une adresse non commune, et que l'air dont il a paru a été quelque chose de surprenant. Il sort vainqueur de cette course, mais je doute fort qu'il en sorte avec le même cœur qu'il y a porté; car enfin vous lui avez tiré des traits dont il est difficile de se défendre, et, sans parler de tout le reste, la grâce de votre danse et la douceur de votre voix ont eu des charmes aujourd'hui à toucher les plus insensibles.

LA PRINCESSE. — Le voici qui s'entretient avec Moron; nous saurons un peu de quoi il lui parle. Ne rompons point encore leur entretien, et prenons cette route pour aller le rencontre.

SCÈNE II.
EURYALE, ARBATE, MORON.

EURYALE. — Ah! Moron, je te l'avoue, j'ai été enchanté, et jamais tant de charmes n'ont frappé tout ensemble mes yeux et mes oreilles. Elle est adorable en tout temps, il est vrai; mais ce moment l'a emporté sur tous les autres, et des grâces nouvelles ont redoublé l'éclat de ses beautés. Jamais son visage ne s'est paré de plus vives couleurs, ni ses yeux ne se sont armés de traits plus vifs et plus perçants. La douceur de sa voix a voulu se faire paraître dans un air tout charmant qu'elle a daigné chanter; et les sons merveilleux qu'elle formait passaient jusqu'au fond de mon âme et tenaient tous mes sens dans un ravissement à ne pouvoir en revenir. Elle a fait éclater ensuite une disposition toute divine, et ses pieds amoureux sur l'émail d'un tendre gazon traçaient d'aimables caractères qui m'enlevaient hors de moi-même et m'attachaient, par des nœuds invincibles, aux doux et justes mouvements dont tout son corps suivait les mouvements de l'harmonie. Enfin jamais âme n'a eu de plus puissantes émotions que la mienne, et j'ai pensé plus de vingt fois oublier ma résolution pour me jeter à ses pieds et lui faire un aveu sincère de l'ardeur que je sens pour elle.

MORON. — Donnez-vous-en bien de garde, seigneur, si vous m'en voulez croire. Vous avez trouvé la meilleure invention du monde, et je me trompe fort si elle ne vous réussit. Les femmes sont des animaux d'un naturel bizarre; nous les gâtons par nos douceurs, et je crois tout de bon que nous les verrions nous courir sans tous ces respects et ces soumissions où les hommes les accoquinent.

ARBATE. — Seigneur, voici la princesse qui s'est un peu éloignée de sa suite.

MORON. — Demeurez ferme au moins dans le chemin que vous avez pris; je m'en vais voir ce qu'elle me dira. Cependant, promenez-vous ici dans ces petites routes sans faire aucun semblant d'avoir envie de la joindre, et, si vous l'abordez, demeurez avec elle le moins qu'il vous sera possible.

SCÈNE III.
LA PRINCESSE, MORON.

LA PRINCESSE. — Tu as donc familiarité, Moron, avec le prince d'Ithaque?

MORON. — Ah! madame, il y a longtemps que nous nous connaissons.

LA PRINCESSE. — D'où vient qu'il n'est pas venu jusqu'ici, et qu'il a pris cette autre route quand il m'a vue?

MORON. — C'est un homme bizarre, qui ne se plaît qu'à entretenir ses pensées.

LA PRINCESSE. — Etais-tu tantôt au compliment qu'il m'a fait?

MORON. — Oui, madame, j'y étais; et je l'ai trouvé un peu impertinent, n'en déplaise à sa principauté.

LA PRINCESSE. — Pour moi, je le confesse, Moron, cette fuite m'a choquée; et j'ai toutes les envies du monde de l'engager, pour rabattre un peu son orgueil.

MORON. — Ma foi, madame, vous ne feriez pas mal; il le mériterait bien : mais, à vous dire vrai, je doute fort que vous y puissiez réussir.

LA PRINCESSE. — Comment!

MORON. — Comment! c'est le plus orgueilleux petit vilain que vous ayez jamais vu. Il lui semble qu'il n'y a personne au monde qui le mérite, et que la terre n'est pas digne de le porter.

LA PRINCESSE. — Mais encore, ne t'a-t-il point parlé de moi?

MORON. — Lui? non.

LA PRINCESSE. — Il ne t'a rien dit de ma voix et de ma danse?

MORON. — Pas le moindre mot.

LA PRINCESSE. — Certes, ce mépris est choquant; et je ne puis souffrir cette hauteur étrange de ne rien estimer.

MORON. — Il n'estime et n'aime que lui...

LA PRINCESSE. — Il n'y a rien que je ne fasse pour le soumettre comme il faut.

MORON. — Nous n'avons point de marbre dans nos montagnes qui soit plus dur et plus insensible que lui.

LA PRINCESSE. — Le voilà.

MORON. — Voyez-vous comme il passe sans prendre garde à vous?

LA PRINCESSE. — De grâce, Moron, va le faire aviser que je suis ici, et l'oblige à me venir aborder.

SCÈNE IV.

LA PRINCESSE, EURYALE, ARBATE, MORON.

MORON *allant au-devant d'Euryale et lui parlant bas.* — Seigneur, je vous donne avis que tout va bien. La princesse souhaite que vous l'abordiez : mais songez bien à continuer votre rôle, et, de peur de l'oublier, ne soyez pas longtemps avec elle.

LA PRINCESSE. — Vous êtes bien solitaire, seigneur, et c'est une humeur bien extraordinaire que la vôtre de renoncer ainsi à notre sexe, et de fuir, à votre âge, cette galanterie dont se piquent tous vos pareils.

EURYALE. — Cette humeur, madame, n'est pas si extraordinaire qu'on n'en trouvât des exemples sans aller loin d'ici, et vous ne sauriez condamner la résolution que j'ai prise de n'aimer jamais rien sans condamner aussi vos sentiments.

LA PRINCESSE. — Il y a grande différence, et ce qui sied bien à un sexe ne sied pas bien à l'autre. Il est beau qu'une femme soit insensible et conserve son cœur exempt des flammes de l'amour : mais ce qui est vertu en elle devient un crime dans un homme; et comme la beauté est le partage de notre sexe, vous ne sauriez ne nous point aimer sans nous dérober les hommages qui nous sont dus et commettre une offense dont nous devons toutes nous ressentir.

EURYALE. — Je ne vois pas, madame, que celles qui ne veulent point aimer doivent prendre aucun intérêt à ces sortes d'offenses.

LA PRINCESSE. — Ce n'est pas une raison, seigneur, et, sans vouloir aimer, on est toujours bien aise d'être aimée.

EURYALE. — Pour moi, je ne suis pas de même; et, dans le dessein où je suis de ne rien aimer, je serais fâché d'être aimé.

LA PRINCESSE. — Et la raison?

EURYALE. — C'est qu'on a obligation à ceux qui nous aiment, et que je serais fâché d'être ingrat.

LA PRINCESSE. — Si bien donc que, pour fuir l'ingratitude, vous aimeriez qui vous aimerait?

EURYALE. — Moi, madame? point du tout. Je dis bien que je serais fâché d'être ingrat; mais je me résoudrais plutôt de l'être que d'aimer.

LA PRINCESSE. — Telle personne vous aimerait peut-être, que votre cœur...

EURYALE. — Non, madame, rien n'est capable de toucher mon cœur. Ma liberté est la seule maîtresse à qui je consacre mes vœux. Et quand le ciel emploierait tous ses soins à composer une beauté parfaite, quand il assemblerait en elle tous les dons les plus merveilleux et du corps et de l'âme, enfin quand il l'exposerait à mes yeux un miracle d'adresse et de beauté, et que cette personne m'aimerait avec toutes les tendresses imaginables; je vous l'avoue franchement, je ne l'aimerais pas.

LA PRINCESSE *à part.* — A-t-on jamais rien vu de tel!

MORON *à la princesse.* — Peste soit du petit brutal! J'aurais bien envie de lui bâiller un coup de poing.

LA PRINCESSE *à part.* — Cet orgueil me confond; et j'ai un tel dépit, que je ne me sens pas.

MORON *bas au prince.* — Bon! Courage, seigneur! Voilà qui va le mieux du monde.

EURYALE *bas à Moron.* — Ah! Moron, je n'en puis plus, et je me suis fait des efforts étranges.

LA PRINCESSE *à Euryale.* — C'est avoir une insensibilité bien grande que de parler comme vous faites.

EURYALE. — Le ciel ne m'a pas fait d'une autre humeur. Mais, madame, j'interromps votre promenade, et mon respect doit m'avertir que vous aimez la solitude.

SCÈNE V.

LA PRINCESSE, MORON.

MORON. — Il ne vous en doit rien, madame, en dureté de cœur.

LA PRINCESSE. — Je donnerais volontiers tout ce que j'ai au monde pour avoir l'avantage d'en triompher.

MORON. — Je le crois.

LA PRINCESSE. — Ne pourrais-tu, Moron, me servir dans un tel dessein?

MORON. — Vous savez bien, madame, que je suis tout à votre service.

LA PRINCESSE. — Parle-lui de moi dans ces entretiens, vante-lui adroitement ma personne et les avantages de ma naissance, et tâche d'ébranler ses sentiments par la douceur de quelque espoir. Je te permets de dire tout ce que tu voudras pour tâcher à me l'engager.

MORON. — Laissez-moi faire.

LA PRINCESSE. — C'est une chose qui me tient au cœur. Je souhaite ardemment qu'il m'aime.

MORON. — Il est bien fait, oui, ce petit pendard-là; il a bon air, bonne physionomie, et je crois qu'il serait assez le fait d'une jeune princesse.

LA PRINCESSE. — Enfin tu peux tout espérer de moi si tu trouves moyen d'enflammer pour moi son cœur.

MORON. — Il n'y a rien qui ne se puisse faire. Mais, madame, s'il venait à vous aimer, que feriez-vous, s'il vous plaît?

LA PRINCESSE. — Ah! ce serait lors que je prendrais plaisir à triompher pleinement de sa vanité, à punir son mépris par mes froideurs, et à exercer sur lui toutes les cruautés que je pourrais imaginer.

MORON. — Il ne se rendra jamais.

LA PRINCESSE. — Ah! Moron, il faut faire en sorte qu'il se rende.

MORON. — Non, il n'en fera rien. Je le connais; ma peine serait inutile.

LA PRINCESSE. — Si faut-il pourtant tenter toute chose et éprouver si son âme est entièrement insensible. Allons, je veux lui parler et suivre une pensée qui vient de me venir.

TROISIÈME INTERMÈDE.

SCÈNE I.

PHILIS, TIRCIS.

PHILIS. — Viens, Tircis; laissons-les aller, et me dis un peu ton martyre de la façon que tu sais faire. Il y a longtemps que tes yeux me parlent; mais je suis plus aise d'ouïr ta voix.

TIRCIS *chante.* Tu m'écoutes, hélas! dans ma triste langueur :
 Mais je n'en suis pas mieux, ô beauté sans pareille,
   Et je touche ton oreille
   Sans que je touche ton cœur.

PHILIS. — Va, va, c'est déjà quelque chose que de toucher l'oreille, et le temps amène tout. Chante-moi cependant quelque plainte nouvelle que tu aies composée pour moi.

SCÈNE II.

MORON, PHILIS, TIRCIS.

MORON. — Ah! ah! je vous y prends, cruelle : vous vous écartez des autres pour ouïr mon rival!

PHILIS. — Oui, je m'écarte pour cela. Je te le dis encore, je me plais avec lui; et l'on écoute volontiers les amants lorsqu'ils se plaignent aussi agréablement qu'il fait. Que ne chantes-tu comme lui? je prendrais plaisir à t'écouter.

MORON. — Si je ne sais chanter, je sais faire autre chose; et quand...

PHILIS. — Tais-toi, je veux l'entendre. Dis, Tircis, ce que tu voudras.

MORON. — Ah! cruelle...

MORON. — Silence, dis-je, ou je me mettrai en colère.

TIRCIS *chante.* Arbres épais, et vous, prés émaillés,
   La beauté dont l'hiver vous avait dépouillés
   Par le printemps vous est rendue;
   Vous reprenez tous vos appas :
   Mais mon âme ne reprend pas
   La joie, hélas! que j'ai perdue.

MORON. — Morbleu! quel ai-je de la voix! Ah! nature marâtre, pourquoi ne m'as-tu pas donné de quoi chanter comme à un autre?

PHILIS. — En vérité, Tircis, il ne se peut rien de plus agréable, et tu l'emportes sur tous tes rivaux que tu as.

MORON. — Mais pourquoi est-ce que je ne puis pas chanter? N'ai-je pas un estomac, un gosier, une langue, comme un autre? Oui, oui, allons; je veux chanter aussi et te montrer que l'amour fait faire toutes choses. Voici une chanson que j'ai faite pour toi.

PHILIS. — Oui! dis. Je veux bien t'écouter pour la rareté du fait.

MORON. — Courage, Moron! Il n'y a qu'à avoir de la hardiesse. (*Il chante.*)

   Ton extrême rigueur
   S'acharne sur mon cœur.
   Ah! Philis, je trépasse :
   Daigne me secourir!
   En seras-tu plus grasse
   De m'avoir fait mourir?

Vivat Moron!

PHILIS. — Voilà qui est le mieux du monde. Mais, Moron, je souhaiterais bien d'avoir la gloire que quelque amant fût mort pour moi. C'est un avantage dont je n'ai pas encore joui, et je trouve que j'aimerais de tout mon cœur une personne qui m'aimerait assez pour se donner la mort.

MORON. — Tu aimerais une personne qui se tuerait pour toi?

PHILIS. — Oui.

MORON. — Il ne faut que cela pour te plaire?

PHILIS. — Non.

MORON. — Voilà qui est fait. Je veux te montrer que je me sais tuer quand je veux.

TIRCIS *chante*. Ah! quelle douceur extrême
De mourir pour ce qu'on aime!

MORON *à Tircis*. — C'est un plaisir que vous aurez quand vous voudrez.

TIRCIS *chante*. Courage, Moron! meurs promptement
En généreux amant.

MORON *à Tircis*. — Je vous prie de vous mêler de vos affaires, et de me laisser tuer à ma fantaisie. Allons, je vais faire honte à tous les amants. (*A Philis*.) Tiens, je ne suis pas homme à faire tant de façons. Vois ce poignard; prends bien garde comme je vais me percer le cœur... Je suis votre serviteur. Quelque niais...

PHILIS. — Allons, Tircis, viens-t'en me redire à l'écho ce que tu m'as chanté.

ACTE QUATRIÈME.

SCÈNE I.

LA PRINCESSE, EURYALE, MORON.

LA PRINCESSE. — Prince, comme jusqu'ici nous avons fait paraître une conformité de sentiments, et que le ciel a semblé mettre en nous mêmes attachements pour notre liberté et même aversion pour l'amour, je suis bien aise de vous ouvrir mon cœur, et de vous faire confidence d'un changement dont vous serez surpris. J'ai toujours regardé l'hymen comme une chose affreuse; et j'avais fait serment d'abandonner plutôt la vie que de me résoudre jamais à perdre cette liberté pour qui j'avais des tendresses si grandes : mais enfin un moment a dissipé toutes ces résolutions. Le mérite d'un prince m'a frappé aujourd'hui les yeux; et mon âme tout d'un coup, comme par un miracle, est devenue sensible aux traits de cette passion que j'avais toujours méprisée. J'ai trouvé d'abord des raisons pour autoriser ce changement, et je puis l'appuyer de la volonté de répondre aux ardentes sollicitations d'un père et aux vœux de tout un État : mais, à vous dire vrai, je suis en peine du jugement que vous ferez de moi, et je voudrais savoir si vous condamnerez ou non le dessein que j'ai de me donner un époux.

EURYALE. — Vous pourriez faire un tel choix, madame, que je l'approuverais sans doute.

LA PRINCESSE. — Qui croyez-vous, à votre avis, que je veuille choisir?

EURYALE. — Si j'étais dans votre cœur, je pourrais vous le dire; mais comme je n'y suis pas, je n'ai garde de vous répondre.

LA PRINCESSE. — Devinez, pour voir, et nommez quelqu'un.

EURYALE. — J'aurais trop peur de me tromper.

LA PRINCESSE. — Mais encore, pour qui souhaiteriez-vous que je me déclarasse?

EURYALE. — Je sais bien, à vous dire vrai, pour qui je le souhaiterais : mais, avant que de m'expliquer, je dois savoir votre pensée.

LA PRINCESSE. — Hé bien! prince, je veux bien vous la découvrir. Je suis sûre que vous allez approuver mon choix; et, pour ne vous point tenir en suspens davantage, le prince de Messène est celui de qui le mérite s'est attiré mes vœux.

EURYALE *à part*. — O ciel!

LA PRINCESSE *bas à Moron*. — Mon invention a réussi, Moron. Le voilà qui se trouble.

MORON *à la princesse*. — Bon, madame. (*Au prince*.) Courage, seigneur. (*A la princesse*.) Il en tient. (*Au prince*.) Ne vous défaites pas.

LA PRINCESSE *à Euryale*. — Ne trouvez-vous pas que j'ai raison, et que ce prince a tout le mérite qu'on peut avoir?

MORON *bas au prince*. — Remettez-vous, et songez à répondre.

LA PRINCESSE. — D'où vient, prince, que vous ne dites mot, et semblez interdit?

EURYALE. — Je le suis, à la vérité; et j'admire, madame, comme le ciel a pu former deux âmes aussi semblables en même temps que les nôtres, deux âmes en qui l'on ait vu une plus grande conformité de sentiments, qui aient fait éclater dans le même temps une résolution à braver les traits de l'amour, et qui, dans le même moment, aient fait paraître une égale facilité à perdre le nom d'insensibles. Car enfin, madame, puisque votre exemple m'autorise je ne feindrai point de vous dire que l'amour aujourd'hui s'est rendu maître de mon cœur, et qu'une des princesses vos cousines, l'aimable et belle Aglante, a renversé d'un coup d'œil tous les projets de ma fierté. Je suis ravi, madame, que, par cette égalité de défaite, nous n'ayons rien à nous reprocher l'un à l'autre; et je ne doute point que comme je vous loue infiniment de votre choix, vous n'approuviez aussi le mien. Il faut que ce miracle éclate aux yeux de tout le monde, et nous ne devons point différer à nous rendre tous deux contents. Pour moi, madame, je vous sollicite de vos suffrages pour obtenir celle que je souhaite, et

vous trouverez bon que j'aille de ce pas en faire la demande au prince votre père.

MORON *bas à Euryale*. — Ah! digne, ah! brave cœur!

SCÈNE II.

LA PRINCESSE, MORON.

LA PRINCESSE. — Ah! Moron, je n'en puis plus; et ce coup, que je n'attendais pas, triomphe absolument de toute ma fermeté.

MORON. — Il est vrai que le coup est surprenant, et j'avais cru d'abord que votre stratagème avait fait son effet.

LA PRINCESSE. — Ah! ce m'est un dépit à me désespérer, qu'une autre ait l'avantage de soumettre ce cœur que je voulais soumettre.

SCÈNE III.

LA PRINCESSE, AGLANTE, MORON.

LA PRINCESSE. — Princesse, j'ai à vous prier d'une chose qu'il faut absolument que vous m'accordiez. Le prince d'Ithaque vous aime, et veut vous demander au prince mon père.

AGLANTE. — Le prince d'Ithaque?

LA PRINCESSE. — Oui. Il vient de m'en assurer lui-même, et m'a demandé mon suffrage pour vous obtenir; mais je vous conjure de rejeter cette proposition, et de ne point prêter l'oreille à tout ce qu'il pourra vous dire.

AGLANTE. — Mais, madame, s'il était vrai que ce prince m'aimât effectivement, pourquoi, n'ayant aucun dessein de vous engager en, voudriez-vous pas souffrir?...

LA PRINCESSE. — Non, Aglante, je vous le demande; faites-moi ce plaisir, je vous prie; et trouvez bon que, n'ayant pu avoir l'avantage de le soumettre, je lui dérobe la joie de vous obtenir.

AGLANTE. — Madame, il faut vous obéir; mais je croirais que la conquête d'un tel cœur ne serait pas une victoire à dédaigner.

LA PRINCESSE. — Non, non, il n'aura pas la joie de me braver entièrement.

SCÈNE IV.

LA PRINCESSE, ARISTOMÈNE, AGLANTE, MORON.

ARISTOMÈNE. — Madame, je viens à vos pieds rendre grâce à l'amour de mes heureux destins, et vous témoigner avec transport le ressentiment où je suis des bontés surprenantes dont vous daignez favoriser le plus soumis de vos captifs.

LA PRINCESSE. — Comment?

ARISTOMÈNE. — Le prince d'Ithaque, madame, vient de m'assurer tout à l'heure que votre cœur avait eu la bonté de s'expliquer en ma faveur sur ce célèbre choix qu'attend toute la Grèce.

LA PRINCESSE. — Il vous a dit qu'il tenait cela de ma bouche?

ARISTOMÈNE. — Oui, madame.

LA PRINCESSE. — C'est un étourdi; et vous êtes un peu trop crédule, prince, d'ajouter foi si promptement à ce qu'il vous a dit. Une pareille nouvelle mériterait bien, ce me semble, qu'on en doutât un peu de temps; et c'est tout ce que vous pourriez faire de la croire, si je vous l'avais dite moi-même.

ARISTOMÈNE. — Madame, si j'ai été trop prompt à me persuader...

LA PRINCESSE. — De grâce, prince, brisons là ce discours; et, si vous voulez m'obliger, souffrez que je puisse jouir de deux moments de solitude.

SCÈNE V.

LA PRINCESSE, AGLANTE, MORON.

LA PRINCESSE. — Ah! qu'en cette aventure le ciel me traite avec une rigueur étrange! Au moins, princesse, souvenez-vous de la prière que je vous ai faite.

AGLANTE. — Je vous l'ai dit déjà, madame, il faut vous obéir.

SCÈNE VI.

LA PRINCESSE, MORON.

MORON. — Mais, madame, s'il vous aimait, vous n'en voudriez point; et cependant vous ne voulez pas qu'il soit à une autre. C'est faire justement comme le chien du jardinier.

LA PRINCESSE. — Non, je ne puis souffrir qu'il soit heureux avec une autre; et, si la chose était, je crois que j'en mourrais de déplaisir.

MORON. — Ma foi, madame, avouons la dette : vous voudriez qu'il fût à vous; et dans toutes vos actions il est aisé de voir que vous aimez un peu ce jeune prince.

LA PRINCESSE. — Moi, je l'aime! O ciel! je l'aime! Avez-vous l'insolence de prononcer ces paroles? Sortez de ma vue, impudent, et ne vous présentez jamais devant moi.

MORON. — Madame...

LA PRINCESSE. — Retirez-vous d'ici, vous dis-je, ou je vous en ferai retirer d'une autre manière.

MORON *bas à part.* — Ma foi, son cœur en a sa provision ; et... (*Il rencontre un regard de la princesse qui l'oblige à se retirer.*)

SCÈNE VII.

LA PRINCESSE *seule.*

De quelle émotion inconnue sens-je mon cœur atteint? et quelle inquiétude secrète est venue troubler tout d'un coup la tranquillité de mon âme? Ne serait-ce point aussi ce qu'on vient de me dire? et, sans en rien savoir, n'aimerais-je point ce jeune prince? Ah! si cela était, je serais personne à me désespérer. Mais il est impossible que cela soit, et je vois bien que je ne puis l'aimer. Quoi! je serais capable de cette lâcheté! J'ai vu toute la terre à mes pieds avec la plus grande insensibilité du monde; les respects, les hommages et les soumissions n'ont jamais pu toucher mon âme : et la fierté et le dédain en auraient triomphé! J'ai méprisé tous ceux qui m'ont aimée; et j'aimerais le seul qui me méprise! Non, non, je sais bien que je ne l'aime pas. Il n'y a pas de raison à cela. Mais si ce n'est pas de l'amour que ce que je sens maintenant, qu'est-ce donc que ce peut être? et d'où vient ce poison qui me court par toutes les veines et me laisse point en repos avec moi-même? Sors de mon cœur, qui que tu sois, ennemi qui te caches; attaque-moi visiblement, et deviens à mes yeux la plus affreuse bête de tous nos bois, afin que mon dard et mes flèches me puissent défaire de toi.

QUATRIÈME INTERMÈDE.

SCÈNE I.

LA PRINCESSE.

O vous, admirables personnes', qui par la douceur de vos chants avez l'art d'adoucir les plus fâcheuses inquiétudes, approchez-vous d'ici, de grâce, et tâchez de charmer avec votre musique le chagrin où je suis.

SCÈNE II.

LA PRINCESSE, CLIMÈNE, PHILIS.

CLIMÈNE *chante.* Chère Philis, dis-moi, que crois-tu de l'amour?
PHILIS *chante.* Toi-même, qu'en crois-tu, ma compagne fidèle?
CLIMÈNE. On m'a dit que sa flamme est pire qu'un vautour,
    Et qu'on souffre en aimant une cruelle peine.
PHILIS. On m'a dit qu'il n'est point de passion plus belle,
    Et que ne pas aimer c'est renoncer au jour.
CLIMÈNE. À qui des deux donnerons-nous victoire?
PHILIS. Qu'en croirons-nous, ou le mal ou le bien?
TOUTES DEUX ENSEMBLE. Aimons, c'est le vrai moyen
    De savoir ce qu'on en doit croire.
PHILIS. Chloris vante partout l'amour et ses ardeurs.
CLIMÈNE. Amarante pour lui verse en tous lieux des larmes.
PHILIS. Si de tant de tourments il accable les cœurs,
    D'où vient qu'on aime à lui rendre les armes?
CLIMÈNE. Si sa flamme, Philis, est si pleine de charmes,
    Pourquoi nous défend-on d'en goûter les douceurs?
PHILIS. À qui des deux donnerons-nous victoire?
CLIMÈNE. Qu'en croirons-nous, ou le mal ou le bien?
TOUTES DEUX ENSEMBLE. Aimons, c'est le vrai moyen
    De savoir ce qu'on en doit croire.
LA PRINCESSE. — Achevez seules, si vous voulez. Je ne saurais demeurer en repos; et quelque douceur qu'aient vos chants, ils ne font que redoubler mon inquiétude.

ACTE CINQUIÈME.

SCÈNE I.

IPHITAS, EURYALE, AGLANTE, CYNTHIE, MORON.

MORON *à Iphitas.* — Oui, seigneur, ce n'est point raillerie; j'en suis ce qu'on appelle disgracié. Il m'a fallu tirer mes chausses au plus vite, et jamais vous n'avez vu un emportement plus brusque que le sien.
IPHITAS *à Euryale.* — Ah! prince, que je devrai de grâces à ce stratagème amoureux, s'il faut qu'il ait trouvé le secret de toucher son cœur!
EURYALE. — Quelque chose, seigneur, que l'on vienne de vous en dire, je n'ose encore pour moi me flatter de ce doux espoir : mais enfin, si ce n'est pas à moi trop de témérité que d'oser aspirer à l'honneur de votre alliance, si ma personne et mes États...
IPHITAS. — Prince, n'entrons point dans ces compliments. Je trouve

en vous de quoi remplir tous les souhaits d'un père ; et si vous avez le cœur de ma fille, il ne vous manque rien.

SCÈNE II.

LA PRINCESSE, IPHITAS, EURYALE, AGLANTE, CINTHIE, MORON.

LA PRINCESSE. — O ciel, que vois-je ici?
IPHITAS *à Euryale.* — Oui, l'honneur de votre alliance m'est d'un prix très-considérable et je souscris aisément de tous mes suffrages à la demande que vous me faites.
LA PRINCESSE *à Iphitas.* — Seigneur, je me jette à vos pieds pour vous demander une grâce. Vous m'avez toujours témoigné une tendresse extrême, et je crois vous devoir par les bontés que vous m'avez fait voir que par le jour que vous m'avez donné. Mais, si jamais vous avez eu de l'amitié pour moi, je vous en demande aujourd'hui la plus sensible preuve que vous me puissiez accorder ; c'est de n'écouter point, seigneur, la demande de ce prince, et de ne pas souffrir que la princesse Aglante soit unie avec lui.
IPHITAS. — Et par quelle raison, ma fille, voudrais-tu t'opposer à cette union?
LA PRINCESSE. — Par la raison que je hais ce prince, et que je veux, si je puis, traverser ses desseins.
IPHITAS. — Tu le hais, ma fille!
LA PRINCESSE. — Oui, et de tout mon cœur, je vous l'avoue.
IPHITAS. — Et que t'a-t-il fait?
LA PRINCESSE. — Il m'a méprisée.
IPHITAS. — Et comment?
LA PRINCESSE. — Il ne m'a pas trouvée assez bien faite pour m'adresser ses vœux.
IPHITAS. — Et quelle offense te fait cela? tu ne veux accepter personne.
LA PRINCESSE. — N'importe ; il me devait aimer comme les autres, et me laisser au moins la gloire de le refuser. Sa déclaration me fait un affront; et ce m'est une honte sensible qu'à mes yeux et au milieu de votre cour il ait recherché une autre que moi.
IPHITAS. — Mais quel intérêt dois-tu prendre à lui?
LA PRINCESSE. — J'en prends, seigneur, à me venger de son mépris; et comme je sais bien qu'il aime Aglante avec beaucoup d'ardeur, je veux empêcher, s'il vous plaît, qu'il ne soit heureux avec elle.
IPHITAS. — Cela te tient donc bien au cœur?
LA PRINCESSE. — Oui, seigneur, sans doute ; et, s'il obtient ce qu'il demande, vous me verrez expirer à vos yeux.
IPHITAS. — Va, va, ma fille, avoue franchement la chose : le mérite de ce prince t'a fait ouvrir les yeux et tu l'aimes, enfin, quoi que tu puisses dire.
LA PRINCESSE. — Moi, seigneur?
IPHITAS. — Oui, tu l'aimes.
LA PRINCESSE. — Je l'aime, dites-vous, et vous m'imputez cette lâcheté! O ciel! quelle est mon infortune! Puis-je bien, sans mourir, entendre ces paroles? et faut-il que je sois si malheureuse qu'on me soupçonne de l'aimer? Ah! si c'était un autre que vous, seigneur, qui me tînt ce discours, je ne sais pas ce que je ne ferais point.
IPHITAS. — Hé bien! oui, tu ne l'aimes pas : tu le hais, j'y consens; et je veux bien, pour te contenter, qu'il n'épouse pas la princesse Aglante.
LA PRINCESSE. — Ah! seigneur, vous me donnez la vie.
IPHITAS. — Mais afin d'empêcher qu'il ne puisse être jamais à elle, il faut que tu le prennes pour toi.
LA PRINCESSE. — Vous vous moquez, seigneur, et ce n'est pas ce qu'il demande.
EURYALE. — Pardonnez-moi, madame, je suis assez téméraire pour cela, et je prends à témoin le prince votre père si ce n'est pas vous que j'ai demandée. C'est trop vous tenir dans l'erreur, il faut lever le masque, et, dussiez-vous vous en prévaloir contre moi, découvrir à vos yeux les véritables sentiments de mon cœur. Je n'ai jamais aimé que vous, et jamais je n'aimerai que vous. C'est vous, madame, qui m'avez enlevé cette qualité d'insensible que j'avais toujours affectée; et tout ce que j'ai pu vous dire n'a été qu'une feinte qu'un mouvement secret m'a inspirée, et je n'ai suivie qu'avec toutes les violences imaginables. Il fallait qu'elle cessât bientôt sans doute, et je m'étonne seulement qu'elle ait pu durer la moitié d'un jour : car enfin je mourais, je brûlais dans l'âme quand je vous déguisais mes sentiments; et jamais cœur n'a souffert une contrainte égale à la mienne. Que si cette feinte, madame, à quelque chose qui vous offense, je suis tout prêt de mourir pour vous en venger; vous n'avez qu'à parler, et ma main sur-le-champ fera gloire d'exécuter l'arrêt que vous prononcerez.
LA PRINCESSE. — Non, non, prince, je ne vous sais point mauvais gré de m'avoir abusée; et tout ce que vous m'avez dit, je l'aime bien mieux une feinte que non pas une vérité.
IPHITAS. — Si bien donc, ma fille, que tu veux bien accepter ce prince pour époux?
LA PRINCESSE. — Seigneur, je ne sais pas encore ce que je veux. Donnez-moi le temps d'y songer, je vous en prie, et m'épargnez un peu la confusion où je suis.

IPHITAS. — Vous jugez, prince, ce que cela veut dire; et vous vous pouvez fonder là-dessus.

EURYALE. — Je l'attendrai tant qu'il vous plaira, madame, cet arrêt de ma destinée; et, s'il me condamne à la mort, je le suivrai sans murmure.

IPHITAS. — Viens, Moron. C'est ici un jour de paix, et je te remets en grâce avec la princesse.

MORON. — Seigneur, je serai meilleur courtisan une autre fois, et je me garderai bien de dire ce que je pense.

PREMIER INTERMÈDE.

MORON. — Ah! beau petit nez! belle petite bouche! petites quenottes jolies, etc.

SCÈNE III.

ARISTOMÈNE, THÉOCLE, IPHITAS, LA PRINCESSE, EURYALE, AGLANTE, CYNTHIE, MORON.

IPHITAS aux princes de Messène et de Pyle. — Je crains bien, princes, que le choix de ma fille ne soit pas en votre faveur; mais voilà deux princesses qui peuvent bien vous consoler de ce petit malheur.

ARISTOMÈNE. — Seigneur, nous savons prendre notre parti; et si ces aimables princesses n'ont point trop de mépris pour des cœurs qu'on a rebutés, nous pouvons revenir par elles à l'honneur de votre alliance.

SCÈNE IV.

IPHITAS, LA PRINCESSE, AGLANTE, CYNTHIE, PHILIS, EURYALE, ARISTOMÈNE, THÉOCLE, MORON.

PHILIS à Iphitas. — Seigneur, la déesse Vénus vient d'annoncer partout le changement du cœur de la princesse. Tous les pasteurs et toutes les bergères en témoignent leur joie par des danses et des chan-sons; et si ce n'est point un spectacle que vous méprisiez, vous allez voir l'allégresse publique se répandre jusqu'ici.

CINQUIÈME INTERMÈDE.

BERGERS ET BERGÈRES.

QUATRE BERGERS ET DEUX BERGÈRES alternativement avec le chœur.

> Usez mieux, ô beautés fières,
> Du pouvoir de tout charmer :
> Aimez, aimables bergères;
> Nos cœurs sont faits pour aimer.
> Quelque fort qu'on s'en défende,
> Il y faut venir un jour;
> Il n'est rien qui ne se rende
> Aux doux charmes de l'amour.

Cinquième intermède.

> Songez de bonne heure à suivre
> Le plaisir de s'enflammer :
> Un cœur ne commence à vivre
> Que du jour qu'il sait aimer.
> Quelque fort qu'on s'en défende,
> Il y faut venir un jour;
> Il n'est rien qui ne se rende
> Aux doux charmes de l'amour.

ENTRÉE DE BALLET.

Quatre bergers et quatre bergères dansent sur le chant du chœur.

FIN DE LA PRINCESSE D'ÉLIDE.

Paris, Typographie Plon frères, rue de Vaugirard, 36.

www.ingramcontent.com/pod-product-compliance
Lightning Source LLC
Chambersburg PA
CBHW070428080426
42450CB00030B/1829